나는 사랑에 관해서는 할 말이 너무 많고

나는 사랑에 관해서는 할 말이 너무 많고

이 책은,

　'사랑'과 '사람'이라는 글씨를 비슷하게 쓰는 사람이, 그것은 그가 '사랑과 사람에 관해 하고픈 말이 많기 때문'이라고 말한 데서 시작했습니다. 사랑을 말할 때 우리는 쉽게 이성 간의 관계를 떠올립니다. 하지만 우리가 하고 싶은 많은 이야기가 결국 사랑을 돌아 밖으로 나가지 않던가요.

　2020년부터 4년간 진행한 글쓰기 모임에서 참여자들이 쓴 천 여편의 글 중 '사랑'을 표현하는 이야기 18편과 편집자가 써 온 글 중 사랑에 관하여 보태고 싶은 말 2편을 엮어 책에 담았습니다.

　글쓰기 모임은 '블라인드라이팅'으로 서로를 모른 채 온라인으로 4주 간 함께 글을 쓰고 피드백 한 뒤, 마지막 회차에서는 제가 운영하던 서점 혹은 작업실에서 글 너머의 사람을 만나는 방식이었습니다.

　타인과 함께 모임을 가지며, 사람들이 글로 쓰는 것과 실제로 말하는 것에는 차이가 크다는 걸 느낍니다. 얼굴을 마주하고 즉각적으로 반응하여 답하는 사회적 자아와 글이라는 매개를 가운데 두고 숙고의 시간을 거쳐, 내면의 나를 꺼내어 말하는 글쓰기는 한 사람이 얼마나 복합적일 수 있는지 저를 자꾸만 새로이 일깨웁니다.

'사랑'이 여러 사람의 입을 거쳐, 삶을 거쳐 얼마나 많은 모습이 될 수 있는지 함께 읽을 수 있기를 바랍니다.

2025년 가을,

프로젝트 임시 운영자 재은 드림

들어가며 | 수선화와 나르키소스 | 송재은

율법의 여신 네메시스는 실연의 아픔으로 목숨을 끊은 요정 에코를 위해 아름다운 인간, 소년 나르시스에게 좀 애매한 형벌을 내린다. 그는 타인을 좀처럼 사랑하지 않은 죄로 물에 비친 자신을 사랑하게 된다. 나르시스는 손을 뻗으면 사라지고 마는, 연못에 비친 아름다운 자신을 쳐다보느라 자지도 먹지도 않다가 결국 물가에 쓰러져 숨을 거둔다. 네메시스의 또 다른 이름은 복수의 여신으로, 방자한 인간에게 보복하는 신이다. 나르시스가 죽은 자리에 피어난 꽃을 나르시스로 불렀다는데, 우리가 아는 수선화의 학명으로, 나르키소스라고도 한다.

사람이 자기 얼굴을 직접 볼 수 있다면 삶은 지금보다 고달플 것이다. 인간은 자기 얼굴을 보지 못해서 진실할 수 있는지도 모른다. 내 얼굴이 보이지 않아서 다른 사람의 얼굴을 볼 여유가 생기고, 마음이 곧 얼굴이 되어 솔직한 표정으로 나 아닌 것에 진심일 수 있다. 내 얼굴을 의식하는 순간부터 나 이외의 세상에 집중하기 어렵다. 내가 어떤 모양인지 잊을 수 있어서, 내가 나를 산만하게 하지 않아서, 우주에 속한 존재로 자연스럽게 살아갈 수 있는 게 아닐까. 자신의 존재를 매 순간 느끼고 지켜볼 수 있다면, 우리는 스스로를 감시하게 될 것이다.

고백하건대, 나는 화상 회의 프로그램을 사용할 때 다른 사람들의 얼굴보다는 화면에 비친 내 얼굴을 더 많이 본다. 비대면 회의가 많아진 세상에서 나는 이상한 방식으로 나를 조금 더 알게 됐다. 나는 나를 너무 신경 쓴다. 타인에게 보이는 지금 당장의 내 모습이 어떤지 힐끗 확인하고 싶다. 상대나 상황에 따라 나를 검열하는 날도, 그저 나를 보는 일이 무척 재미있는 날도 있다. 하지만 자신을 늘 교정할 수 있는 상태에 놓이면 자연스러운 모습보다는 꾸민 모습을 보이게 되지 않을까. 조금 더 나은 나, 조금 더 여유롭고, 능숙하고, 멋진 표정을 짓는 나를 만들기 위해 못나게 웃지 않고, 감정 표현에 이마와 미간 주름을 덜 사용하고, 집중할 때 나오는 경직된 입 모양도 의식적으로 고칠 수밖에 없을 거라는 생각을 한다.

나르시스는 연못에 비친 자신을 만지기 위해 물속에 손을 집어넣지만, 그 얼굴은 파문에 흔들리다가 잔잔해지면 그제야 다시 제 모습을 보였다. 그래서 그가 사라지지 않도록 영영 바라만 보던 나르시스는 연못 속의 얼굴이 자신이라고는 마지막까지도 깨닫지 못한다. 어쩌면 진짜 형벌은 자신이 무엇을 사랑하는지도 모르는 것이었는지도, 영영 자기 몸에 갇혀 자신을 알지 못하는 채 살아가는 것인지도 모른다.

　　나르시스가 물속에 손을 집어넣어 자신을 만져보려 한 것처럼, 나는 거울로는 영 보이지 않는 부분을 보기 위해 애쓴다. 그것은 가끔 집착에서 답답함으로 이어진다. 옆모습을 똑바로 보기 위해 재빨리 고개를 돌려봐도, 아니면 눈을 굴려봐도 절대 내가 보고 싶은 각도의 나를 볼 수는 없다. 어떤 대상에 비친 왜곡되고 반전된 내 모습을 마주하는 방법밖에는 나를 똑바로 바라볼 수가 없다. 그리고 정말로 나를 똑바로 볼 수 있는 날은 오지 않을 거라고 생각한다. 이미 화장하거나 카메라로 원하는 모습만 남긴 사진이 내가 생각하는 나의 이미지에 더 가까운 것 같으니까. 그것은 내 인생을 결코 객관적으로 조망하거나 한 발짝 떨어져서 볼 수 없을 거라는 기막힌 복선 같기도 하다. 눈으로 무언가를 확인하려는 노력은 부질없다. 보는 것은 어차피 투명한 진실일 수 없고, 빛의 왜곡과 생각, 마음, 편견으로 세상을 보고 있을 뿐이니까.

　　인생은 보이지 않아서 더 나은 것은 아닐까. 미래를 알 수 있다면 확인하고 싶은지 묻기에 나는 아니라고 답했다. 어려움과 슬픔을 미리 알고 준비할 수 있으면 좋지 않겠느냐고 해도 마찬가지다. 미래가 결국 정해져 있다 해도, 알지 못하는 삶이라면 좋을 것이다. 삶의 주도권이 나에게 있고, 책임을 진다는 마음이 나를 매번 더 나은 선택을 하는 사람이, 더 좋은 사람이 되고 싶게 한다.

　　나르시스에게는 자신을 비추는 연못이 하나 있었을 뿐인데, 그는 더 이상 타인의 얼굴을 보지 않게 되었다. 나는 21세기에 살며 어디에서나 나를 비춰볼 수 있다. 옷 입을 때 보는 전신 거울부터 책상 위의 작은 거울, 화장품 팩트에 붙어 있는 동그란 손거울, 휴대폰이 꺼지면 나타나는 검은 화면까지. 얼굴이 참 신기한 게 언제는 '얼굴이 왜 이러냐.' 생각했다가, 언제는 '아유, 오늘따라 뽀얗고 예쁘네.'라고 생각한다. 같은 얼굴이 기분이나 상황을 따라 예뻤다가 안 예뻤다가 하는 삶이지만 거울이든 화상 회의 화면이든 신경 쓰는 것은 늘 비슷하다. 유난히 잘 트는 입술, 얼굴의 비대칭이 크게 느껴지는 부위, 둔해 보이는 코, 기억도 안 나는 어린 시절부터 있던 주근깨, 내가 외모적 약점이라고 생각하는 요소들. 마음에 안 드는 내 모습.

나는 약점을 말로 꺼내는 걸 두려워하는 사람이고, 가족에게도 약한 모습을 보이지 않는다. 괜찮다는 걸 보여줄 수 없다면 피하고 조용히 앓는다. 아빠는 그런 나에게 부모가 힘든 일을 털어놓는 사람이 아니라서, 너도 그렇게 닮은 것 같다는 말을 했다. 거울에 보이는 나의 약점 너머에는 불안이 있다. 누군가에게 내가 느끼는 불안을 말하고 싶지 않다. 사실은 외모가 마음에 들지 않는 것이 아니라, 나를 마음에 들어 하지 않는 나를 두려워하는 것이다. 그런 생각을 타인에게 드러냈다간 그들을 실망하게 할 거라는 불안이 내 안에 웅크리고 있다. 내가 나를 사랑하지 못하는 것 같다고 말하는 일이 얼마나 부끄러운지. 그런 말을 하는 상상만 해도 눈물이 날 것처럼 목이 탄다. 자신을 인정하고 받아들이지 못하는 삶이 무서울 때가 있고, 그런 삶은 의미 없다고 생각하면서도 나로 산 지 삼십 년이 지난 지금도 몸과 마음은 하나가 되지 못했다. 여전히 거울을 보면서 미소 짓는 일은 어색하기만 하고, 내 삶도 나 자신도 마음에 들지 않을 때가 많지만, 나를 사랑하는 것이 나에게는 중요한 일이고, 그러고 싶어서 목이 타는 것이다. 나를 사랑해서 울고 싶어지는 것이다.

결핍과 필요는 '왜'라는 질문과 함께 찾아와 삶을 돌아보게 한다. 어쩌면 나는 불안에 매혹되어 거울 속 나를 자꾸만 흘깃, 바라보는지도 모른다. 사랑과 미움, 불안과 희망 같은 것들이 혼란스럽게 뒤섞인 얼굴을 볼 때마다, 그럼에도 불구하고 나를 정말 사랑하기를 바라서 그 불안을 홀린 듯 쳐다보는 것이리라.

목차

들어가며 | 수선화와 나르키소스 6

헤어짐 사례 연구 | 김지온 16
사랑한다고 말할 땐 입을 꾹 다문다
　　　　　오래된 약속 | 이솔 22
만약에 | 정수빈 28
사랑 (HEART) | 최현주 36
너의 다정을 구겨 방공호의 틈을 막고 | 김진형 40
사랑의 이기심, 어쩌면 이 글조차도 | 임다은 46
사랑을 쓰는 방법 | 주현우 50
보라색 오로라를 보지 못할지라도 | 홍현희 56

사랑, 그 이기적인 것 | 김지희 66

욕심의 굴레 | 백지영 72

여행이라는 일상 | 장태성 78

소란스러운 정적

              풀이 죽은 여름 여행 | 강소리 84

수 | 이철희 94

죽음에 대하여 | 차대근 102

사랑에 도리를 다한다는 것 | 박주영 108

기억의 분자 | 한정현 116

나가며 | 혼자 남은 마음에게 124

너는 봄에서 여름으로,
나는 가을에서 겨울로

헤어짐 사례 연구

김지온 ─────

어쨌건 쓰는 일이 제 업인데요, 쓰는(Write) 일은 쓰는 (Spend) 일이나 쓰는(Use) 일 만큼 쉽지는 않아서 삶은 쓰기(Bitter)만 합니다.

이다지도 좋아할 수 있을까 하던 사람들이 어느 날 헤어진다. 비슷한 말들이 마침표 느낌표 물음표나 억양만으로도 의미가 달라진다는 점은 이를 이해하는데 큰 도움을 준다.

너는 주로 다다익선(多多益善)이라고 했고,
나는 주로 과유불급(過猶不及)이라고 했다.
너는 표현이 버릇이고 습관이었다. 아침이면 아침이라고, 지각할 뻔 했다고, 점심이면 점심이라고 말하길 좋아했다. 부장이나 팀장이란 직함을 단 사람들은 질리지도 않는지 줄기차게 순댓국을 먹는다고, 오늘은 어쩐 일로 부대찌개라고, 오후엔 팀장님과 외근을 나갔는데 거래처 사람이 어쩌구 저쩌구, 퇴근버스 놓쳐서 2만 원이나 내고 택시를 탔다고, 저녁을 먹기도 전에 깜빡 잠이 들었다고, 카카오톡이든 전화든 인스타그램의 다이렉트 메시지든 뭐든 알리기를 좋아했다. 만원 지하철에선 이사람 저사람에 치이면서도 입 맞춰 달라고 안아달라고 했고, 사랑한다는 말은 애둘러 할 필요 없다고, 시도 때도 없이 해달라고 했다.
나는 아침엔 인사를 빠트리기 일쑤였고 점심

을 다 먹고 나서야 오늘 점심 먹은 식당의 링크를 보내며 오늘은 이런 걸 먹었다고. 다시 일이 많아서 퇴근길에 연락한다고. 만나서 얘기하자고. 늦었는데 피곤할 테니 얼른 자라고. 너를 좋아하지만 카카오톡을 저주할 수는 있는 거라고, 자주 생각했다. 메시지를 몇십 분 늦게 읽는 일이 결코 소홀함을 뜻하지는 않는다고. 카톡이나 문자메시지가 없어서 손 편지를 쓰면서 며칠 만에 한마디를 나누던 우리 할머니의 시절에도 다들 사랑을 했다고. 대학교 1학년이 아니라고. 지하철 같은 공공장소에서는 지나친 애정표현은 삼가야 한다고. 꼭 말로 콕 찝어 말해야 아느냐고. 같이 있으면 이렇게 좋지 않냐고.

너는 자주 능동태의 문장으로, 나는 점점 수동태의 문장으로

한때는 우리 같이 심야영화를 보러 가 도시락을 싸서 한강으로 소풍 가자 돈이 좀 생기면 뮤지컬도 꼭 보러 가, 오래 만나서 결혼까지 해, 착실하게 오래 모으면 서울 근교엔 아파트 하나정도는 살수도 있지 않을까, 이번 연애의 목표로 A4용지 한 장을 빼곡히

채우던, 동사의 형태를 따지지 않던 날도 있었지만.

너는 이번 휴가 언제가, 9월엔 일정에 맞춰서 휴가를 쓸 수 있는데 월요일에 연차를 붙여도 되겠다, 제주도를 가도 좋아 멀지 않은 대만이나 일본 정도도 갈수 있겠는걸. 오늘은 네 집에서 잘까, 우리 집으로 올래? 이번 주말에는 뭘 할까 어디에 갈까.

나는 이번 주말엔 근무 일정이 어떻게 될지 모르겠어, 회사에서 무슨 야유회를 간다네, 휴가는 절반만 맞추자 혼자만의 시간도 필요해. 오늘은 못 만날 것 같아 이번 주말에 보는 친구들은 1년 만이야. 내일은 일찍 출근해야 해, 오늘 밤 같이 있는 건 좀 어려워, 그때마다 미안하다고.

생각해보면

너는 봄에서 여름으로, 나는 가을에서 겨울로

우리가 비슷하다고 생각했던 시절이 너의 봄이고 나의 가을일 수 있겠다. 두 계절의 평균기온은 비슷하니까. 보통 볕이 좋다가 이따금 비가 오고, 깍지를 껴 손을 잡거나 껴안기 좋았고, 바람만 불어도 마음이 들뜨기 충분한 시절이었으니까. 서로 비밀을 안고 있어도 그때는 서로 속이고 속아지는 걸 알면서도, 어떤 말로도 사랑하기엔 좋은 계절이었다.

하지만 시절은 비극적으로. 너는 봄에서 여름으로, 나는 가을에서 겨울로, 여름과 겨울은 너무 달라서 그때부터는 너는 더 무성해졌고 뜨거워지고 나는 앙상해졌고 차가워졌다. 그걸 알고부터는 많이 울었다.

내가 더 힘들었던 건, 그래서 싫어한 건 너의 다다익선이 아니라 나의 과유불급이었고, 너의 능동이 아니라 나의 수동이었다. 견디지 못한 것도 네 여름보다는 내 겨울이었다.

한때는 미련을 가져보기도 했다. 서로 조금만 타협했더라면 조금 더 만날 수는 있지 않았겠냐고 생각하던 시절도 있었다. 그렇지만 다다익선에서 다(多) 한 글자를 뺀다고 하더라도 그 말이 과유불급과 같은 말이 될 수는 없으니까. 능동태와 수동태의 말들이나 봄, 가을도 엄연히 다르니까. 타협으로는 안 되는 세계에서는 헤어질 수밖에 없었다. 다만 예외적으로 묻지도 따지지도 않고 통째로 사랑해버린 사람들은 더 오래 만났고 평생 사랑하기도 했다.

사랑한다고 말할 땐
입을 꾹 다문다

이솔 ───────────────────────────

우리는 중요한 순간을 절대 먼저 알아볼 수 없다. 진심을 다해 살아갈 수 있을뿐.

언젠가부터 사랑한다는 말을 하지 않았다. 다만 그 단어 없이 관계가 형성되는 법은 없어서, 상대의 바람을 모면할 방법이 필요했는데, 사랑이라는 말 없이도 사랑을 말하는 건 어렵지 않았다. 당신을 '무엇' 한다는 말은 언제고 쉽고, 흔하게 대체할 수 있었다. 우리에게만 특별한 의미를 가지는 평범한 단어를 사랑이라 읽자 말하고, 당신과 나만의 노래를 정하고, 영화와 소설, 노랫말처럼 마음을 대변해 줄 표현을 풀어헤쳐 읊으면, 관계는 상처 입지 않았다. 무엇보다 그 적절한 예시들이 우리가 말하려는 사랑에 더 가까운 것 같았다.

처음부터 감정을 담는 그릇에 민감했던 것은 아니다. 사랑을 말하는 입은 꼭 껴안아 주지 않고는 못 견딜 만큼 폭신했고, 사랑이라 불리는, 그 고양되는 감정을 느끼는 자신이 사랑스러워 못 견뎠다. 이 마음을 왜 이제야 알았을까. 당신이 세상 누구보다 빛나 보인다는 사실은 믿기지 않을 정도였다. 한 사람을 위한 자신의 간사한 마음이 사랑이란 이름으로 용서되는 세계가 있다는 것은 언제고 놀라웠지만 얼마 가지 않아 나는 이 요동치는 기분을 스스로 제어할 수 없다는 걸 깨달았다. 감정을 쏟아낼수록 결국 자신을 더 사랑하게 될 뿐이었다. 자기 입으로 표현한 사랑이라는 말의 의미를 이해하는 건 자신 뿐이었고, 말해질 때마다 이만큼이나 상대를 향한 감정을 느낄 수 있다는 것이 사랑하는 능력의 척도 같아서, 사랑하면 할수록 자신을 추켜올리는 것만 같았다.

　마음이 관계라는 형태를 입었다가 다시 어그러지는 일을 반복할 때마다 억울함을 느꼈다. 경험이 쌓일수록 기대와는 다르게 사랑이라는 말을 이해하기 어려워졌다. 순간의 만족을 채워줄 뿐인 애정 표현으로 얼기설기 엮인 관계는 무너지는 순간에도 사랑한다는 말을 멈추지 않았다. 사랑한다는 말은 길가에 버려진 빈 깡통을 아무 생각 없이 차며 주고받는 것과 다를 바 없었다.

　사랑이라는 단어가 어쩔 수 없는 대안 같았다. 마음의 크기나 그것을 전하는 상황과 관계없이 매번 반복되는 단어는 곧 무심하게 변했고, 감정 없이도 말할 수 있는 것으로 변해갔다. 오늘 당신의 사랑이 어제와 같은지, 처음과 달라지지는 않았는지 아무도 신경 쓰지 않는 것 같았다. 맹목적인 단어에 갇혀 늘 거짓말을 하는 것처럼 불편했고, 아무리 표현해도 상대방에게 건너가지 않는 듯한 이 마음이 짐처럼 느껴졌다. 아무리 말해도 말해지지 않는 것 같았다.

자신의 뿌리까지 뽑아줄 선언과도 같은 사랑은, 볼품없이 작게 주름져 잘 자라는 말보다 연약한 언어로 남았다. 사랑은 늘 사소한 것으로 변했고, 만남의 시작과 끝이 주는 간극을 버려야 하는 시기를 거치며 모든 관계가 시시해졌다. 무엇보다 견고할 것 같던 당신이라는 세상은 착각이라는 단어 하나로 허무할 만치 간단히 끝났고, 짝이 아니었다는 말로 합리화나 위로가 이어졌다. 사랑이라는 말은 그만큼 소용없는 것이었다. 아무도 책임질 수 없는 약속에 불과했다.

오래된 약속

　나의 거룩한 탄생 스토리에서 내가 알고 있는 건 아주 사소한, 어느 평범한 날의 이야기 하나뿐이야. 나는 문득 엄마와 아빠가 거실에 나란히 앉아 있는 모습을 보곤 의문이 들었어. 둘이 어떻게 저 자리에 함께 앉아 있는지 말이야. 어쩌면 내 이야기는 거기서부터 시작되는지도 모르지. 엄마는 결혼을 둘러싼 사정들을 말하는 대신 사귀기 시작할 무렵의 이야기를 하나 들려줬어. 젊은 엄마와 아빠는, 아니 엄마와 아빠가 되기 전의 청년들은 1980년대 중반, 교회에서 만나 연애를 시작했어. 퇴근하고 데이트를 하기로 했던 둘은 몇 시, 어느 지하철역에서 만나기로 약속했어. 그런데 그녀가 그날 갑자기 회식이 잡혀서 약속 장소에 시간 맞춰 나갈 수 없게 된 거야. 회식이 결정됐을 땐 이미 그가 회사를 떠났을 무렵이라 전화로 연락할 수도 없었다고 해. 뛰쳐나갈 수도 없는 자리에서 안절부절 밥을 먹고 밤늦게야 집으로 돌아가는 길에, 그녀는 혹시나

하는 마음에 약속 장소로 가봤대. 그런데 '아빠'가 만나기로 한 그 자리에 있더래. 몇 시간이 지나도록 그곳에서 엄마를 기다린 거야. 엄마는 왜 기다렸냐고 물었고, 아빠는, 시작부터 어긋나고 틀어지면 안 될 것 같아서 그랬다고 대답했대. 아빠는, 아니 그 젊은 남자는 그 자리에 서서 약속을 지키고 있었던 거야. 언제까지고 이 약속이 깨지지 않도록 말이야. 어쩌면 나는 그게 지금의 우리를 만든 것 같다는 생각을 해. 나는 이 이야기를 정말 좋아해. 사람 인연이라는 게 아주 진득한 노력과 불가능한 믿음으로 이루어지는 것뿐이라고. 나는 '그런데 아빠가'라고 쓰는 순간부터 울컥 눈물이 솟아. 바로 이 순간에 그 남자가 내 아빠가 된 것 같아서 말이야. 문자를 보내고 한 시간이 채 되기도 전에 '왜 답장을 안 하는지' 궁금해하는, 연락이 안 되어 답답한 마음에 다리를 달달 떠는 우리를 봐. 스마트폰 없이는 관계를 맺는 일조차 쉽지 않다고 생각하는 지금의 우리가 어떻게 그 오랜 세월을 서로 붙잡고 살아왔는지 가늠할 수조차 없어. 나의 거룩한 탄생 스토리는 이렇게 시작돼.

만약에

정수빈 ───────────

인간이 거듭 윤회한다면 저는 두번째 생을 살고 있다고 느껴요. 묘한 기시감과 낯설지 않은 얼굴들. 능숙하다가도 삐끗. 당신이 몇번 째 삶이든 제가 이 공백에 꼭 하고 싶은말은 이겁니다. 거북목 조심하세요!
kusubin@naver.com

"사랑에는 다섯 가지 언어가 있대."

밤의 말에 쿵 내려앉는다. 비밀을 발설한 기분이다. 밤 옆에 앉아 30초에 한 번씩 사랑, 하고 생각하고 있었기 때문이다.

"그게 뭔데?" 나는 아무렇지 않은 척 물었다.

"첫 번째는 인정하는 말. 잘한다, 멋지다, 그런 다정한 말들 있잖아. 두 번째는 함께 있는 시간. 세 번째는 선물 주는 거, 네 번째는 헌신이나 봉사, 다섯 번째는 스킨십. 이렇게 다섯 가지 사랑 종류가 있는데, 각자 중요하게 생각하는 사랑이 다르대. 언니는 뭐가 제일 중요해?

나는 신중해지고 싶었다.

"오, 재밌겠다. 근데 뭐, 뭐가 있다고? 인정하는 말, 스킨십… 그리고…, 너무 많아서 생각하기 어려워."

"그럼 내가 이상형 올림픽처럼 해 줄게. 둘 중에 하나씩 고르는 방식으로. 먼저 인정하는 말이랑 함께 있는 시간 중에 뭐가 더 좋은지 골라봐. 언니 애인이 너 진짜 멋있다고 하는 걸 상상해 봐. 아니면 그런 말은 안 하지만 데이트를 같이 다니는 거야. 뭐가 더 기분 좋아?"

"나는 함께 있는 시간이 중요한 것 같아. 지금처럼 카페에 같이 있는 것도 되게 힐링이야."

"오케이. 그럼 선물이랑 헌신 중 하나 골라 줘. 헌신은 꼭 별게 아니고 아침에 커피를 내려준다든지, 아침을 차려주는 것 같은 거야."

나는 객관적인 선택이 어려웠다. 선물을 선택하면 속물적인 사람이 될까 봐 그랬다. 밤 앞에서는 온전히 나이고도 싶었지만 동시에 밤이 좋아하는 사람도 되고 싶었다. 나는 매일 아침 원두를 갈아 마시는 밤을 떠올리며 헌신을 골랐다. 다음은 함께 있는 시간과 스킨십의 대결이었다. 나는 스킨십을 좋아하지만 밤 앞에서 스킨십만 밝히는 사람일 수는 없었다. 그리고 정말로 함께 있는 시간이 중요한 것 같기도 했다.

"난 스킨십도 좋지만, 롱디는 힘들 것 같아. 함께 있어 주는 게 사랑이지."

밤은 점점 흥미롭다는 표정을 지었다.

"그럼 이제 함께 있는 시간 대 헌신이다. 대박, 이건 좀 고르기 어려울 것 같은데."

나는 잠시 고민하다 선택을 미루고 싶어서 먼

저 밤의 것을 물었다. 밤은 어쩐지 사랑에 관해 확신이 있어 보였다. 밤의 목소리가 또박또박 걸어왔다.

"나한텐 함께 있는 시간이 가장 중요해. 헌신은 해주면 좋지만, 안 해줘도 내가 알아서 내 일을 하면 돼. 내가 아침에 커피를 내리고, 요리를 할 수 있어. 그런 건 도움이 필요 없지만 함께 있어 주는 건 상대가 꼭 필요해."

나는 끄덕였지만 괜히 반박하고 싶어서 극단의 시나리오를 꺼내 들었다. '만약'으로 시작하는 가정법의 대화는 내가 좋아하는 놀이 중 하나이다.

"근데 만약 혼자 버틸 수 없는 상황에는? 만약에 무인도에 갇혔는데 먹을 것을 구해다 주는 애인이 있다면 든든하지 않을까?"

"아니. 같이 구하러 가면 되잖아." 밤은 너무 단단했다. 틈을 내어주지 않는 밤을 사랑하는 건 힘든 일이라고 나는 늘 생각했다. 가끔은 밤이 더욱더 많이 나에게 의지했으면, 아니 나 없이 못 살았으면 바랬다. 그러기 위해서는 좀 다른 시나리오가 필요했다.

"그럼 이건 어때? 네가 병에 걸려서 목숨이 얼마 안 남았어. 이제 곧 죽을 수도 있는데, 마을로 가서

의사를 불러오면 살 가능성이 30퍼센트 정도야. 그런데 밖에 거대한 눈보라가 치고 있어. 이럴 때 너는 애인이 어떻게 해주면 좋겠어?"

나는 어느 영화에서 본 것 같은 사랑의 장면을 떠올려 '만약'의 세계로 훌쩍 밤을 안고 날아올랐다. 웃음기 있는 진지함이었다. 나는 그 세계에서 단번에 마음을 정했다. 헌신이 중요했다. 약을 구하러 떠나는 용기 있는 사람들이 떠올랐다. 그런 이미지는 겹겹이 쌓여 사랑의 개념을 구체화했다. 만약 밤이 나를 위해 눈보라를 뚫고 나간다고 고집을 부린다면, 나는 아주 아주 사랑받는다는 느낌 속에 죽어갈 것이다.

밤은 이런 나를 웃겨하며 깔깔거렸다. "너무 극단적인 거 아니야? 그런데 나는 내가 얼마 못 산다면, 애인이 옆에 있어 주는 게 좋을 것 같아. 침대에 누운 내 손 꼭 잡고 쓰다듬어주면서 옆을 지키는 거지."

나는 흥분감에 달싹대며 눈을 동그랗게 떴다. "뭐? 의사를 데려오면 네가 살 가능성이 있는데도? 나는 당장 의사를 부르러 갈 거야. 살릴 수 있을지도 모르잖아."

나와 마찬가지로 어느새 몰입한 밤이 더욱 또

렷한 눈빛으로 말한다. "아니야. 그래도 나는 옆에 있어 줄래. 애인이 없는 사이에 내가 죽으면 둘 다 너무 슬플 거야."

우리는 그런 여자들이었다. 죽을병에 걸린 애인을 목숨 바쳐 살리려는 사람과, 온전히 슬퍼하며 옆에 있겠다는 사람. 그것은 자신이 받고 싶은 사랑의 방식이었으며, 자신이 사랑을 표현하는 방식이기도 했다. 그 간극은 나를 어떠한 불안감으로 이끌었다. 사랑하는 사람과 사랑 때문에 헤어질 어떤 밤을 떠올리게 했다. 그러나 만약 우리가 서로를 사랑하게 된다면, 밤이 나를 알아준다면, 나는 밤을 위해 꼼짝없이 앉아 밤을 지킬 것이다. 살리고 싶은 생각이 간절해도, 그녀가 사랑받는다고 느낀다면 나는 밤의 손을 놓지 않으려 한다. 결국 사랑은 나를 버리고 세계를 얻는 일이다. 나는 우리가 시킨 케이크를 먹기 좋게 포크 위에 얹어 들어 올리며, 밤의 눈을 보고 말했다.

"있잖아, 밤. 만약에 말이야, 혹시 내가 병에 걸리면 의사를 부르러 가 줄 수 있어? 나 정말 살고 싶거든."

"알겠어, 언니. 그렇게 해줄게. 약속해."

밤의 웃음이 미소로 잦아들며 반짝인다. 그 빛은 우리 둘 사이 오래된 거리를 건너와 마음 한 켠에 꾹 눌어붙었다. 나는 조심스럽게 그 모양을 더듬어본다. 나에게 사랑은 아직 너무 멋진 일이라, 만약의 세계에서 겨우 어렴풋이 보이는 듯했다.

사랑 (Heart)

뽀도독 갓 씻은 발등에 살며시 입 맞추고 싶은 것
말가안 눈동자를 피하고 싶지 않은 것
손가락으로 가만가만 등을 짚어보고 싶은 것
주름 하나 없이 잠든 이마와 눈가를 물끄럼 바라보는 것

괴롭히고 싶고 괴롭힘 당하고 싶은 이상한 마음
절대로 들키면 안되지만 내심 보이고 싶은 고약한 심보
세상에서 가장 마음대로 되지 않는 것
세상에서 가장 마음대로 휘두를 수 있는 것

거대한 죄인이 되고 초라한 성인이 되는 일

땅에 발 붙인 것 중 가장 하찮다가도 감히 만질 수도 없는

감정이나 이성도, 물질이나 호르몬도, 꿈이나 이상도 아닌 그 무엇

그 무엇에 질려 아스팔트 포장도로로 내던지고 싶다가도

행여 다칠까 낡은 옷소매로 모양새를 꼼꼼히 살피는 일

지겹지만 지겹게 하고 싶은 일

최현주 ─────────────────────────

넘치는 구름과 손가락을 가르는 바람, 얇지만 깊은 낙엽, 종이책과 연필로 쓴 편지, 천천히 헤매는 시간, 가을의 들꽃과 무거운 고요 그리고 귀여운 사람을 좋아합니다.

너의 다정을 구겨
방공호의 틈을 막고

김진형 ───────────

위이이잉 — 멀리서 희미한 경보음이 울렸다. 경보음이라니, 무엇이든 오래되다 보면 이렇게 친절한 날도 있는 법이다. 비척비척 일어나 주변을 정리했다. 목 아래로 조급함이 찰랑댄다. 안개가 몰려오기 전에 어서 몸을 씻어야 한다. 주변이 묵직한 습기로 가득 차면 몸을 씻고 주변을 정리하는 일이 세상에서 가장 어려운 일이 될 테니.

오래전 잡아 둔 병원 예약과 급하지 않은 약속들을 죄책감 없이 미루고 몸을 웅크렸다. 오랫동안 나를 죄어왔던 긴장이 서서히 풀려나간다. 4년 전, 안개가 이 근처에 처음 출몰한 이후로 나는 늘 벼랑 끝에 서 있는 기분으로 살았다. ……조금만 버텨, 발을 헛디디면 안 돼. 잠깐이라도 방심하면 안개가 다시 올 거야……. 처절하기까지 한 채찍질 속에서 나는 무엇을 그렇게 두려워하며 살았을까. 바닥에서 떨어져 봤자 어차피 바닥이라는 것을, 필사적으로 허우적대던 그때의 나만 몰랐다.

암막 커튼 뒤에서 몇 번의 낮과 밤이 지나는 동안 여기에는 비가 왔다. 안개 속에서는 '할 수 있지만 하기 어려웠던 일'이 비가 오면 '할 수 없는 일'이 된다. 이제는 방공호로 가야 할 때였다. 물이 정강이까지 빠르게 차오르고 나서야 나는 몸을 일으켰다.

여기엔 크고 작은 방공호들이 몇 개 있다. 엄마의 방공호는 너무 멀어 오늘도 애인의 방공호로 향한다. 흠뻑 젖은 걸 보면 엄마가 걱정하실 거야. 늘 그렇듯 핑계만큼은 애정의 탈을 쓴다. 애인의 방공호로 향하는 길에는 오랜 친구의 이름을 단 방공호가 놓여 있다. 그대로 스쳐 지나가기까지 망설임은 길지 않다. 그 애는 중요한 시험을 준비 중이라고 했다. 함께 있고 싶은 사람과 삶의 속도가 맞지 않는다는 것은 힘든 일이다.

방공호에 들어서자마자 익숙하게 담요를 찾아 어깨에 걸쳤다. 추위가 가시니 극렬한 허기가 느껴진다. 손에 잡히는 통조림을 뜯어 입에 털어 넣었다. 씁쓸한 풀 맛이 입안 가득 퍼지고 나서야 아차, 싶어 뒤늦게 포장지를 살폈다.

연민이다. 다급히 다른 통조림들을 둘러본다. 유통기한이 지나 녹슨 호기심들 사이에서 책임감이 눈에 띈다. 저 퍽퍽한 걸 먹으려면 물이 많이 필요할 텐데⋯⋯. 고개를 돌려 메말라가고 있는 신뢰를 흘끗 보자 자신감은 뚝 떨어졌다. 아무리 중독성이 심한 연민이라지만 한 번쯤은 괜찮겠지……. 남은 캔을 두드려 입안에 남김없이 쏟아부었다.

다음 재난에도 여기서 쉴 수 있을까, 적막 속에서 가만히 생각한다. 문득 비린 물 냄새가 났다. 주변을 살피자 너무 자주 여닫아 헐거워진 문 틈새로 빗물이 스미고 있었다. 조금 전 어깨에 걸쳤던 다정을 황급히 끌어내려 틈새 안으로 구겨 넣었다. 한 번 물에 젖은 다정은 마르지 않는다. 비가 그친 후 조용히 썩어갈 뿐. 입을 꾹 닫은 채 빗물처럼 스미는 아쉬움을 견뎠다. 마음속으로 애인에게 전할 이른 이별의 말을 연습했다.

어떤 방공호는 홀연히 사라지고 어떤 방공호는 그대로 무덤이 된다. 그리고 어떤 무덤은 이따금 홀로 불에 타곤 했다. 오랜 시간 내 방공호가 되어주었던 이들이 그 자체로 재난이 되는 일은 절망적이다. 걷잡을 수 없는 불길을 잡으려면 비가 많이 내려야 했기에 눈가가 자주 짓물렀다.

이런 날들은 계속될 것이다. 애인과 손잡고 영화를 보다가도 불현듯 끌려 나와 네 무덤가 앞에 서 있게 되는 일, 해일을 피해 달음박질친 곳에서 예고도 없이 누군가의 방공호가 사라졌다는 것을 깨닫는 일, 갈 곳이 없어 급하게 구한 이름 모를 방공호 안에서 몇 시간이나마 폭설을 버티는 일. 그러나 나는 종종 괜찮을 것이다. 삶은 오래된 재난이지만, 우리는 서로에게 늘 새로운 구원이므로.

사랑의 이기심.
어쩌면 이 글조차도

임다은 ───────────────

언젠간 긴 글을 내고 싶은 평범한 직장인. 천방지축 같던 외로움을 지나, 오롯이 혼자 있는 밤들을 누리게 되었습니다. 그럼에도 아직 사랑을 모르겠는 것은 기회일까요 후회일까요.

지금은 한참을 곱씹어봐야 떠오르는 기억이지만, 그때는 그것이 나의 대부분이었을 정도로 날 못살게 굴던 때가 있었다. 인연이 닿으면 흩어지기 마련인데, 그때의 나는 지금보다 더 어리고 욕심이 많아서 그 순리를 받아들이기에는 참 미숙했다. 지금도 크게 달라진 점이 없을지 모르지만.

대낮엔 아무나 붙잡고 떼를 쓰고 어리광을 피워봐도, 돌아오는 길 저녁에 나와 남는 건 내 자신일 뿐이었다. 그런 밤들에 익숙해지기 위해서 나는 오랜만에 책을 하나 사서 읽었다. 가만히 앉아 헤집어진 마음을 정면으로 바라봐야 하는 순간은 쓰리고 견디고 싶지 않았지만, 그 시간을 통해 나는 조금이나마 나은 사람이 될 수 있었던 것 같다.

그 사람은 나에게 '내가 좋아한 네가 아닌 것 같다'라고 말했다. 애인 관계를 떠나 인간적으로도 좋아했던 사람이었기에, 그 말은 자존으로 똘똘 뭉친 나를 무너뜨리기 충분했다. 날 사랑하는 사람의 눈으로 자신을 인식하는 것은 큰 행복이지만, 반대로 그 눈이 날 어떻게 보는지에 따라, 내가 날 의심할 수도 있다는 경험은 신선했다. 더군다나 나처럼 본인 잘난 맛에 사는 사람한테는. 내가 구축해 온 자존의 세계가 어디서부터인가 꼬여있는 건 아닌지 무서워졌다.

책에는 "나를 사랑했던 이들은 하나같이 나에게 자기가 생각했던 그런 사람이 아니라 말하면서도 날 사랑하길 멈추지 않았다. 그를 통해 난 사랑이란 상대와는 상관없는 자신만의 문제임을 알았던 것 같다"라는 내용이 있었다. 당시 내가 고민하던 사랑의 본질과 너무나 닮아서 그 페이지의 모서리를 접어 두었다. 그도 나에게 그렇게 말하면서도 당분간 나를 떠나가지 못했다. 그건 나도 마찬가지였다. 우리는 어떤 식으로든 내가 오해한 너의 모습을 사랑하고 있었고, 그게 진짜 당신인지 아닌지는 어느 순간 상관이 없어졌다. 그리고 이전과는 또 다른 방식으로 너를 오해하게 되었을 때, 너를 마음대로 정의해버리고 그걸 입 밖으로 내놓는 잘못을 저지르고 만다. 그 말은 날 아프게 했지만, 마찬가지로 사랑을 방패 삼아 내 마음대로 정의해버린 상대에게도 미안한 마음이 많이 든다. 나는 이때의 경험으로 '모든 사랑의 뿌리에는 이기심이 있지 않나' 하는 생각을 한다. 결국 널 사랑해서 좋은 것은 '나'이니까, 당신이 내 곁에 존재해야 하는 이유는, 우리 사랑이 있어야 하는 이유는 네가 아니라 '나'를 위해서라고. 그 과정에서 훼손되었을 당신과 나에게 미안했다고 말해주고 싶다. 어쩌면 이 글조차도 사랑이 아닌 나를 위해 쓰고 있지만.

나는 소중한 사람이다. 당신도 마찬가지고, 이 사실은 당신이 나를 사랑하지 않는다고 해도 변함없다. 이따금 누군가가 나를 사랑스럽게 봐주었으면 하는 욕망이 들면, 당신의 눈에 보이는 나를 상상하며 웃고, 행동할 때가 있다. 그런 후에 남는 것은 굉장한 피로감과 허전한 마음뿐이었다. 타인과 사랑을 기반으로 좋은 관계를 맺는 건 인간으로서 할 수 있는 가장 큰 여행이지만, 그 여행길의 시작을 내가 아닌 '당신이 보는 나'와 시작한다면, 그 여행은 그렇게 오래 이어질 수 없다. 아직도 사랑과 당신보다 내가 소중한 걸 보면, 나는 여전히 그리 성숙한 사람은 못 되는 건가. 그럼에도 불구하고, 앞으로도 이 생각엔 큰 변함이 없을 것 같다. 다만, 내 발이 부르터도 여행을 함께하고 싶은 사람이 나타날 수도 있지 않을까 하는 모순적인 바람을 안고서, 나는 담담하고 대범하게 나를 사랑하는 여행길 위에 있다.

사랑을 쓰는 방법

주현우 ───────────────

내 것이 아니다

지나온 시간의 것이다

지나친 공간의 것이며

머물던 감정의 것이다

남겨진 추억들의 것이다

세상 모든 소리와 언어의 것이고

스쳐 지나간 인연의 것이다

맺히는 몇 개의 단어들과

아로새길 몇 줄의 문장들 또한

내 것이 아니다

사랑이란 단어를 앞에 두고 나는 무엇을 써낼까. 쓰기 위해 뒤를 돌아본다. 과거를 빌리지 않으면 꺼내 볼 수 없는 감정들이 있다. 마음에서 떨어져 나간 감정 몇 개를 내려다보던 날, 그중에 사랑도 보았다. 제 빛을 잃고 흐늘거리는 걸 무표정하게 바라보았다.

어떤 순간들은 마음에 크고 작은 멍을 들인다. 사람에 깨지고 상황에 치이다 보면 마음의 평수는 줄어들기 마련이고 감정은 들어설 자리를 잃는다. 여기저기 부딪친 마음이 날카롭게 깎인 탓에 제대로 부풀

새도 없이 터져버리는 감정들. 설렘도 사랑도 하물며 이별까지도 무감각하다. 뒤를 돌아본다.

　　　작년 이맘때쯤, 외로우니 연애를 해야겠다 싶었다. 누구든 만나다 보면 마음이야 금방 생기지 않을까. 기어이 몇 사람을 만났고 얼마 못 가 서로 상처만 남긴 채 끝이 났다. 그렇게 몇 번 지나치고 나니까 연애라는 것이, 그러니까 사랑이라는 것이 불필요한 소모에 지나지 않게 느껴졌다. 비슷비슷한 만남과 이별, 몇 번이나 반복한 언어와 피로감에 뻣뻣해진 감정들. 더는 무감한 연애를 반복하고 싶지 않았다. 나는 얕고 가벼운 관계를 원했다. 서로 기대하지 않지만 언제든 기댈 수 있는 사람이 필요했다. 책임보다 욕구에 편향된, 그런 서로의 이기심을 용인해 줄 관계. 사랑을 정의하지 않는 사랑을 하고 싶었다. 문제는 그런 사랑이 존재하는가였는데, 아무래도 상관없었다. 잠깐의 외로움에 흔들린 원래의 일상을 되찾아 가고 있었으니까. 혼자가 익숙해지면서 누군가와 함께하는 것이 불편한 일이 됐다. 내 시간과 감정을 나눠 쓰고 싶지 않았다. 내 주위로 원을 크게 그어놓고 아무도 들이지 않겠다는 마음이었다. 원체 혼자가 편한 성격인 터라 크게 어려운 일은 아니지 싶었다. 그렇게 생각했다.

사랑. 단어를 입안에 넣고 굴려본다. 뱉어보기도 하고 꿀꺽 삼켜도 본다. 떠오르는 것이 떠오를 수 있게 내버려둔다. 문득 가슴 언저리가 출렁이는 걸 보니 날카로운 마음이 조금은 무뎌진 걸까. '사랑.'하고 발음해 본다. 앞니 뒤쪽에 무언가 맺혔다 사라진다. 그 잠깐의 공간으로 생각이 들어서고, 생각은 또 다른 생각을 불러들인다. 머리에 떠다니는 단어 몇 개를 골라 이어 붙인다. 사유의 꼬리. 꼬리와 꼬리의 이음. 단어에서 뻗은 여러 갈래의 생각을 따라 걷는다. 다시 단어를 고른다. 이어 붙여 문장을 쓴다. 여러 갈래가 하나의 길로 모여들기 시작한다. 출렁인다. 다시 문장을 쓴다. 문장을 잇는다. 문장을 쓰고 문장을 잇는다. 이어 붙인 문장을 따라 걷는다. 그렇게 모인 문단의 끝에서 나는 너와 마주쳤다.

크게 어려운 일은 아니지 싶었다. 그렇게 생각했다. 시월의 어느 늦은 밤, 네가 찾아오기 전까지는.

*

네가 아니면 알아듣지 못할 이야기를 나는 기어코 써낸다. 너를 빌리지 않고는 쓸 수 없는 문장들. 그렇기에 돌아봤고 너와 마주쳤다. 네 목소리를 떠올리는 것. 너의 버릇과 생각들을 글로 풀어내는 것. 너를 번역해 놓은 것에 지나지 않는 이 글에서조차 내 것은 없다. 네가 없이도 여전히 나는 너에게 빚을 진다. 사랑을 쓰기 위해 너를 빌린다면 너는 내게 사랑이었을까.

여전히 사랑일까.

보라색 오로라를
보지 못할지라도

홍현희 ─────────────────────────

사랑에 있어서는 난파선이 되어 폭풍 속을 지나고 있습니다. 닻에 걸리는 땅을 마주쳐 정박했는데 가족과 우정의 평야입니다. 이 뭍은 다정하고 안전합니다. 반갑습니다.

1

부산을 다녀왔다. 실컷 먹고 큰 물도 보다 왔다. 숙소가 따뜻했고 동행한 친구는 함께 간 카페에 앉은 나를 그려줬다. 그리고 드디어 울었다. 눈물 콧물 쏙 나오게 울었다. 축축한 얼굴을 거울로 보면서 기분이 좋더라. 어딜 가도 그 사람 생각이 나고, '관계가 끊기지 않았다면 여길 같이 왔을 텐데' 하는 미련이 모든 생각을 앞장섰었는데, 이번 부산은 느끼는 그대로 내 감정만 생각이 나더라. 바람이 불면 이 바람에 짠 내가 나지 않는 것에 신기해하고, 고양이를 만나면 얘는 이름이 뭘까 하는 정겨움만 남더라. 기분이 좋았다. 기분이 좋으면 글이 안 써진다. 글보단 말이 먼저 나온다. 호들갑을 떨면서 여긴 커피 맛이 진했고, 광안리에 집 얻는 상상을 했고, 배를 타 보려다 강풍 주의보 때문에 시립미술관으로 발길을 돌렸는데 오히려 이번 여행의 방점이었다. 호사를 자랑하는 높고 빠른 말투가 편하다. 좋은 감정은 쉽다. 순수하게 즐거운 마음은 글로 애써 풀어 보지 않아도 있는 그대로 좋다. 오늘은 글이 써지지 않아 기쁜 마음으로 잠을 자야겠다. 아, 곱창전골 맛있다.

2

연애 초에 나는, 연애를 하는 건 하루를 두 번 살아보는 것과 같다고 말했다. 영화 <어바웃 타임>의 주인공이 시간을 감아 하루를 두 번 사는 것처럼, 연애는 내게 주어진 초능력이었던 셈이다. 나로 하루를 살고, 연인의 스물네 시간을 꼬박 듣고 느끼며 하루를 더 사는 거다. 긴 연애 동안 그런 하루가 쌓여 삶의 태도가 되면서 삶을 두 번 사는 것과 같았다. 내가 느낀 연애의 장점이었다.

내게 남은 그의 삶에 대해 생각해 보려 한다. 그에게 가장 감사한 것은 십 년 뒤를 진심으로 기대하는 태도를 나눠 받은 것이다. 그가 말버릇처럼 하던, "십 년 뒤가 너무 기대되지 않니?"하는 물음이 있는데, 십 년의 세월은 하나의 분야에 전문가가 되기 충분한 시간이니 열 번의 해를 세면 적어도 하나의 분야에 두각을 드러낼 것이고, 육십 년을 더 산다 치면 최소한 여섯 가지 특출난 능력을 갖춘다는 말이다. 나는 그의 터무니없는 자신감을 사랑했고 부러워했다. 십 년 뒤의 내가 한 가지 빛나는 무언가를 가졌으면 좋겠다는 마음을 나눠 받은 걸 가장 감사히 여긴다.

또 하나는 배우는 걸 무서워하지 않는 태도인데, 그를 만나기 전의 나는 약간의 겁에 발목을 잡혀 새로운 배움에 주저하곤 했다. 그중 하나는 기계에 대한 두려움이다. 하룻강아지 시절에 인터넷 뱅킹도 어렵다고 이체가 필요한 순간이 오면 오프라인 은행을 찾아가던 나였다. 그런 내게 맥북을 툭 꺼내 코딩으로 별의별 것들을 뚝딱뚝딱 만들어내던 그가 별나라 사람이 아니고 무엇이었겠는가. 그는 배우고 싶은 게 있으면 서울 저 끝에서 경기도까지는 흔쾌히 통학할 수 있었고 보고 싶은 전시가 있다며 광주까지 운전해 내려가는 것도 예사였다. 약간의 경쟁심과 저럴 수도 있구나, 하는 학습을 통해 이제 나도 프로그램 몇 개는 돌릴 수 있고 손목의 애플워치로 시간을 보는 기계쟁이가 되었다. 사람은 평생 배워야 한다는 말을 종교처럼 삼던 사람을 두고 2년을 지냈으니 어느 정도 물들어있는 나를 행동 속에서 자주 발견한다.

3

편지 상자를 정리했다. 할 말이 그리도 많던지, 빼곡하게 담긴 글씨들에 애정이 가득하더라. 감정 변화가 없을 것 같은 편지 위주로 몇 개를 꺼내 읽어봤다. 연애가 위태로웠던 시기에 우리를 이어준 글도 있었고, 생일을 함께 할 수 있음에 감사해하는 예쁜 마음도 있었다. 오밀조밀한 걸 좋아하는 나를 웃기겠다고 그가 고른 편지지는 상어, 병아리, 고슴도치 같은 동물 모양이었다. 사과하는 편지가 많더라. 간지러운 말이 서툴렀던 애인에게 사랑 표현은 주로 글이었다. 연애에 최선을 다하고 싶다고 호소하는 글이 많았다. 공부를 해야 해서, 전시가 얼마 남지 않아서, 배우고 싶은 게 있어서, 조금 더 이해를 구했고 반복해서 사과했다. 되풀이될 것을 알면서도 사과를 받아준 건 내 쪽이었다. 편지에 빽빽이 적힌 미안함을 읽으며 기다림에 대한 보상이라 여겼다.

내가 더 많이 좋아했던 것 같다. 많이 기대했고 그 기대가 충족되지 못했을 때 서운했다. 편지의 빈도수도 글의 무게도 줄어드는 시기를 맞으며 관계가 소원해질 것을 예감했다. 참다못해 애인에게 짝사랑하는 것 같다는 말을 한 적이 있다. 자존심이 벅벅 긁혔지만, 그때의 나는 자존심보다 관계를 붙드는 것에 물불 가리지 않았다. 결국 틀린 예감은 아니었나 보다.

사랑의 틀에서 사랑이 떨어져 나가면 그만큼의 크기를 노여움이 채운다. 그의 미안함만큼이나 힘들었던 연애를 기억하며 개봉이 어려운 틴케이스에 편지들을 옮겨 담았다. 다시 열어보지 않을 작정이고 큰 이사가 있을 때쯤 정리되는 짐과 함께 사라지길 바란다.

4

항상 웃고 있던 선배가 있었다. 지독하게 괴롭히는 제보자 앞에서도, 진중한 사안의 부담감 아래서도 웃고 있던 기자 선배였다. 한 번은 함께 점심을 할 기회가 있었는데, 그는 질투가 날 정도로 멋진 삶의 태도를 가진 사람이었다. 기자가 되기 전 피아노만 20년을 끌어안고 컸다고 한다. 선배는 재능에 의문이 생길 때즈음 다른 직업을 물색했고 기자도 괜찮겠다 싶어 일을 시작했다. 언론인을 업으로 삼고 있지만 자신의 정체성은 음악가라고 했다. 좋은 음악은 오선지로 이야기를 담아야 한다며, 자신은 이야기를 모으는 중이라고 했다. 기자는 이야기를 모으기 좋은 직업이다. 몇 년 뒤에는 다시 음악가로 돌아가 곡을 쓰며 사는 것이 자신의 지향점이라고 했다. 깊은 자기 이해가 우선된 사람이라고 느꼈다.

　　　본인이 열정을 다할 수 있는 분야를 찾은 것은 귀한 복이다. 영화 <소울>을 보면 사람이 몰입의 경지에 다다를 때 빠지는 무아지경 혹은 황홀경을 보라색 오로라로 표현하는데, 오로라로 가득 찬 삶을 사는 게 어린 내가 상상했던 어른의 모습이었다. 나이 듦과 함께 내가 몰입할 수 있는 대상을 찾게 되리라 꿈꿨지만, 꼭 그렇지만은 않다는 걸 깨달으며 한 칸씩 올라가는 나이에 불안해했다. 자기 것에 대한 확신이 있던 애인에 비춰볼 때 나는 우유부단한 사람이었다. 취향을 잘만 찾아가던 애인 옆에서 내 것을 갖지 못했다는 사실에 조급했다. 기자 선배는 나보다 세상을 많이 산, 저 나이가 되었을 때 뒷발치에 따라갈 수 있겠다는 희망을 품을 수 있는 언덕이었지만 또래인 애인은 내 조급함을 긁는 모래성이었다. 하지만 그가 사라진 요즘 약간의 고집을 가진 무던함이 내 장점일 수도 있겠다는 생각을 한다. 여기저기 무던히 적응하고 호불호를 잘 드러내지 않는 성격 덕에 너른 관심을 가질 수 있었다. 이리저리 고른 관심을 두는 것, 내 지향점을 찾는 게 나의 오로라일 수도 있겠다.

'수에게 낭만인 것이
그 사람에겐 비효율이었다.'

사랑, 그 이기적인 것

김지희 ───────────

건강하게 먹는 것을 좋아합니다. 명상하는 것을 좋아합니다. 기도하는 것을 좋아합니다. 정성스러움을 좋아합니다. 지극히 지희스러움을 좋아합니다. 김지희입니다.

승진시험을 마치고 급격하게 원인을 알 수 없는 허무감이 찾아왔다. 나의 지인들은 승진시험 공부 중에 남자 친구와 헤어진 일의 여파가 이제 오는 것 같다며 빨리 연애를 하라고 했다. 정말? 전혀 납득이 가지 않는 대안이었지만 때맞춰 소개팅들이 들어왔고 열심히 학교 가는 학생처럼 열심히 소개팅에 나갔다. 하지만 인연이라는 건 역시나 열심히 한다고 해서 만들어지는 것은 아니었다. 상대가 못나서도 아니고 상대가 너무 잘나서도 아니고 그냥 내 맘이 설레지 않는 상대를 계속 만나는 것이 나를 학대하는 기분이 들었다. '선배님, 선배님 나이에 설레는 사람은 어리고 예쁜 여자 좋아해요. 선배님은 남는 사람 중에 적당한 사람 고르셔야 해요!' 현실적인 조언이라며 나에게 건넨 결혼한 후배의 돌직구에 괜히 서러워 눈물을 흘리기도 했다. 그렇게 드라마에서나 보았던 노처녀의 축축한 일상을 현실로 보내던 중 법원으로 전입하게 되었고 협의이혼 업무로 보직 배정을 받았다.

　　내가 하는 업무는 그 특성상 일이 많으면 야근을 하고 모르는 것이 있으면 법전을 찾아보거나 판사님과 협의하는 등의 방법으로 어떤 식으로든 끝이 난다. 그리고 액수의 많고 적음을 떠나 매달 정해진 날에 적절한 보상이 들어온다. 그런 점에서 나의 직업은 내 삶에서 가장 명확한 것이고 난 이 점에서 내 업무를 좋아한다. 하지만 이혼 업무는 좀 달랐다. 끊임없이 짜증이 가득 찬 민원인들이 찾아왔고, 이는 그저 내가 열심히 하면 되는 문제를 넘어서 감정적으로 스트레스가 상당했다.

다양한 사연으로 이혼하러 찾아오는 당사자들. 그들은 하루라도 빨리 법적으로 그 사랑의 마침표를 찍고 싶어 한다. 서로의 옷깃조차 스치기를 꺼리는 그들을 대할 때면 묘하게도 난 종종 그들이 서로의 몸과 맘을 포개어 핑크빛 사랑에 벅차했을 순간이 오버랩된다. 이들에게는 혼인관계증명서에 나와 있는 혼인신고일 0000년 00월 00일이라는 글자 외에 사랑의 흔적이란 찾아볼 수 없다. 난 이들을 보면서 틈틈이 물음표를 던진다.

'사랑은 무엇일까?'

나 [결혼하니까 행복해?]

친구 [글쎄… 가장 친한 친구가 생겼고 새로운 가족이 생겼고 그래서 더 편해진 것도 있고 더 불편해

진 것도 있어. 내 삶에 변화가 생긴 건 맞는데 그게 더 행복한 건지 덜 행복한 건지는 모르겠어.]

나 [그럼 사랑은 뭐라고 생각해?]

친구 [엥??ㅋㅋㅋㅋㅋㅋ 사랑?]

나 [미안… 뜬금없지? 그냥 요새 헤어지는 사람을 많이 봐서 그런지 사랑이 무엇인지 잘 모르겠어서…]

친구 [내가 남편과 결혼한 건 이 사람에게 닥치는 고난이라면 내가 감수할 수 있겠다는 확신이 있어서였어. 그건 지금도 마찬가지긴 한데…. 근데 있잖아. 결혼하고 나니까 내가 지난 시간 동안 사랑이라는 감정으로 했던 모든 행동이 결국 나를 향하고 있었다는 생각이 들었어.]

난 언제쯤 나에 대한 집착과 사랑을 뛰어넘는 다른 감정을 느낄까? '사랑이라는 감정으로 했던 모든 행동이 결국 나를 향하고 있었다'는 친구의 말을 듣는 순간 난 뭔가 사랑에 대한 명쾌한 정의를 얻은 기분이었다.

돌아보면 나 또한 자신을 더 사랑하기 위해 타인을 사랑해 왔던 것 같다. 상대를 웃게 하고 편안하게 하고 질투 나게 하고 서운하게 하고 상처를 주고…. '너를 사랑해서야!'라며 했던 많은 행동이 사실은 '나를 더 사랑해 줘!'라는 말이지 않았던가. 때로는 무례하고 때로는 추한 상대를 포용하고 감싸려 해주었던 것도 나 스스로가 좋은 사람임을 인정받기 위함이 아니었던가. 그리고 난 결국 내가 정해 놓은 사랑이라는 박스에 맞지 않았던 상대와 이별하지 않았는가.

'사랑이라는 감정으로 한 모든 행동이 자신을 향하고 있음'을 전제로 두자 연애를 하고 결혼을 하고 이혼을 하는 이 일련의 사랑! 사랑! 사랑! 타령의 과정들은 자신을 사랑하는 방식들의 변형된 모습일 뿐이라는 생각이 들었다. 그 후로 이혼하러 오는 당사자들을 대하는 맘이 조금은 덤덤해졌다. 이혼하러 오는 그들이 그저 각자 이 시점에서 할 수 있는 최선으로 자신을 사랑하고 있다는 생각이 들었고 난 그들을 어떤 가치 판단 없이 건조하게 도와주기로 마음먹었다.

난 지난 시간 사랑에 대해 영속성이나 굉장한 이타심 같은 환상적인 가치를 부여하며 더 환상적이지 않은 타인의 사랑을 비난했을지도 모른다. 진정으로 상대를 사랑한 것이 아니라 끊임없이 상대가 나에게 주는 사랑을 간 보며 내 구미에 맞지 않은 순간들을 축적하느라 시간을 보냈을지도 모른다.

어느 날 상대에게 '당신의 사랑이 어디 있나요'라고 묻고 싶은 순간이 찾아온다면 먼저 스스로에게 물어봐야겠다.

나의 사랑은 어디 있냐고…, 이번 사랑도 나를 향하고 있지는 않았냐고….

욕심의 굴레

백지영 ─────────────

5년 전과 변하지 않은 여전히 좋아하는 것. 커피. 오랜 시간 머무를 수 있는 편안함. 좋아하는 문장에 그어지는 연필소리. 낮 하늘 위 희미하게 떠 있는 달. 보랏빛 사람들. 오렌지 태양 아래 지는 노을.

어릴 때는 참 소소한 것들이 탐났다. 문방구에서 파는 스티커나, 다이어리 자체도 아닌 그의 속지 같은 것, 서점 한 켠에 진열된 한 장에 200원씩 하던 좋아하는 가수의 사진들. 7살 때였나. 어느 날은 갖고 싶다는 욕망이 내 안의 도덕심보다 커졌을 때, 키도 닿지 않는 부엌 찬장 서랍에 놓인 엄마 지갑에서 만 원짜리 한 장을 훔쳐 꺼냈다. 이마 위에 맺힌 식은땀에 쿵쾅쿵쾅 뛰는 심장을 부여잡고 문방구로 향하는 모습이 나쁜 짓을 한 사람 그 자체였다. 대범한 짓을 저질러 놓고 집에서 도보 5분 거리에 있는 문방구에서 산 것들은 다이어리와 속지 여러 개, 스티커 몇 장 그리고 친구들에게 호기롭게 돌린 아이스크림 3개였다. 순식간에 초록색 지폐 한 장이 동전 여러 개와 지폐 몇 장으로 바뀌어 내 작은 손아귀에 묵직하게 잡혀 왔다. 외출 후 집에 돌아온 엄마는 지갑에 손을 댄 흔적을 금세 알아챘고 곧바로 나를 추궁하셨다. 작은 동네에서 나의 종적 따위는 몇 마디 물음으로 선명하게 드러나기에 그다지 큰 변명도 하지 않았다. 못 보던 물건들은 감추려 해도 어둠 속 야광불마냥 반짝이며 엄마의 의구심을 밝혔을 것이다. 엄마는 곧장 나를 문방구로 데려갔다. 엄마에게 사정을 들으신 문방구 아저씨는 다시는 그러지 말라며 호탕한 웃음과 함께 구매했던 물건들을 모두 환불해 주셨다. 하지만 엄마는 거기서 끝내지 않고 아직 채워지지 않은 만 원의 사용 출처를 물었다. 순간 이미 위장에서 소화까지 다 됐을 아이스크림이 머릿속을 스쳐 갔다. 엄마는 기가 차다는 목소리로 한숨을 내쉬며 힘껏 내 등짝을 후려치셨다. '뭐가 될라고! 뭐가 될라고! 엄마 지갑에! 어!?' 그렇게 한 시간 남짓이었던 나의 천하는 일단락났다. 사들였던 물건은 지금 생각하면 아주 작고 화폐 가치가 떨어지는 것들뿐이었지만 잠시나마 부자가 된 기분이었다. 많든 적든, 가지고 싶은 것을 가질 수 있는 사람. 내 안의 부자의 정의는 그날 내려졌다.

     정의는 그대로지만 가지고 싶은 것들은 점점 부피를 얻어갔다. 롤러스케이트장에 맛을 들인 초등학생 때는 블레이드가 탐이 났고, 한창 멋 부리기 시작한 중고등학생 때는 메이커 운동화와 바람막이, 화장품 같은 것들이 눈에 밟혔다. 커진 부피를 감당하기에 나의 한 달 용돈은 턱 없이 부족했고 채워지지 않는 욕망은 점점 목말라 갔다. 내가 욕심이 많은 건가 싶다가도, '다른 애들은 다 있잖아. 이 정도도 바라면 안 돼?' 하는 억울한 마음도 들었다. 욕심에 합리화를 덧붙이고 있었다. 성인이 되어서는 대학 진학과 동시에 아르바이트 자리를 가장 먼저 구했다. 처음에는 주말 아르바이트로만 시작한 것이 방학 때는 한두 달을 내리 하게 되었다. 메모장에 적어 놓았던 갖고 싶은 목록을 지워나갈 때마다 시원한 성취감이 일렁였다. 욕망이 채워질수록 물질적인 욕심은 덜어졌다. 하지만 덜어진 자리는 오래 비어 있지 않았다. 그새를 못 참고 다른 것이 비집고 들어와 앉았다. 관계의 욕심. 다른 이름의 새로운 욕심이었다. 그것은 기존의 것보다 훨씬 질기고 무거웠다. 주변의 이들은 누구보다 나와 가장 가깝고 어떤 것보다 나를 먼저 생각해야 하고, 나만의 사람이어야 한다는 오만한 마음. 이전에 있던 누구나 다 가질 수 있는 물질적인 욕심에 비해 관계의 욕심은 다른 이에게 소유를 허락하지 않는다. 눈에 보이지 않아 충족시키기 더 어려웠고 채워진 것이 맞는지 계속 의심하며 확인했다. 그렇게 짧지도 길지도 않은 시간 동안 피곤한 욕심과 끈질긴 줄다리기를 하며 지내다가, 다행히도 문득 홀가분함이 느껴지는 순간이 있었다. 관계 속에 지나온 시간과 기억이 차곡차곡 쌓여 결코 무너지지 않는 단단한 믿음으로 변모했기 때문이 아닐까, 하고 그때의 나는 가벼이 추측했다. 혼자 가진 기대감을 남이 충족시켜 주길 바라지 않게 되었고, 서로를 향한 믿음의 깊이를 가늠하지 않게 되었다. 하지만 욕심은 그대로 사라져 주지 않았다. 그때의 나는 유독 '내가 좋아하는 것'에 집중해 있었다. 좋은 노래를 듣고, 맛있는 음식을 먹는 소소한 일상만으로 행복을 느끼고 현재의 삶에 크게 불만도, 바라는 바도 없이 평온한 나날에 둘러져 있었기에 관계에 대한 관심이 무뎌진 것일 뿐이었다. 갖고 싶던 것을 어느 정도 손안에 쥐었고, 보이지 않는 넉넉한 마음이 더해졌기에 그 자리에 욕심 같은 것은 남아있지 않다면서 초연한 듯 지내고 있었다.

    조용하게 잔잔한 척, 얌전히 내숭을 부리며 모습을 감추고 있지만 언제 나타날지 모를 새로운 이름의 욕심이 늘 숨죽여 있다. 조금씩 형태만 변해갈 뿐, 비우면 채워지는 욕심의 굴레가 여전히 내 안에서 멈추지 않고 굴러가고 있다. 굴레의 띠를 따라 소용돌이치는 태풍의 눈 안으로 잠식되지 않기만을 바라며 나는 그대로 고여있다.

여행이라는 일상

장태성 ────────────

깨어있을 때는 생각이 많아 모든 것이 더디기에, 술에 취해 글을 적습니다. 여행을 좋아하진 않지만, 여행 속 순간을 오래도록 아낍니다.

때때로 눈앞의 광경을 보다 보면, 문득 아득해진다. 나의 일상을 떠올려 보면, 그곳은 황망하고 흔들리는 땅이다. 떨리는 것이 나인지 지반인지 알 수 없다. 빠르게 흘러가면서도 같은 자리를 맴도는, 흔들리는 땅 위의 미세한 존재. 그게 내 모습이리라. 그러다 또 문득 큰 소리가 없는 순간을 만난다. 고요히 잔잔하고 평온한 바다. 모래사장 위에 앉아 있는 나를 만난다. 여전히 나는 작고 연약하다.

"어디가 제일 좋았어?" 여행을 다녀오니 사람들이 많이 묻는다. 나는 대충 한두 가지 일화를 덧붙여 멕시코가 제일 좋았다고 이야기한다. 사실 어디가 제일 좋았다고 말하긴 어렵다. 여행 기간이 일주일을 넘어 한 달을 넘어가는 순간, 여행은 일상이 된다. 사람들은 여행을 일상에서의 도피로 여기지만, 긴 여행은 다시 일상으로 변모한다. 여행이라는 일상에서 관광은 책무가 되고, 새로운 경험은 강요가 된다. 뭐가 좋았냐고 묻는 사람들에게 "숙소에 누워만 있었다"고 하면, "유명한 관광지도 안 보고 왔다"고 하면 의아해할 표정이 지레 무겁고 부담스럽다.

여행이라는 낭만적인 단어로 포장되어 있지만, 집이라는 안전 기지를 잃은 일상은 꽤나 가혹하다. 낯선 이와 같은 곳에서 잠들어야 하고, 눈을 뜨면 생경한 광경이 가득하다. 어떤 이가 짐을 싸서 방을 떠나고, 또 다른 낯선 이가 그 자리를 채운다. 방의 구조, 채광, 소리, 온도와 냄새에 익숙해질 때쯤, 이번엔 내가 그 방을 떠난다. 밀려드는 새로움에 허우적대며 하루하루를 보내고, 간신히 생경함을 지워낼 즈음 또 다른 새로움을 맞이하러 떠난다.

새로운 세상을 만나는 환희와 즐거움, 행복감이 끊임없이 반복되면 감정은 버거움과 연약함으로 변한다. 화상을 입은 사람처럼, 작은 사건이나 사고에도 휘청거리며 아파한다. 모자를 하나 잃어버려도 스스로가 바보 같다며 잠을 못 이루게 되고, 날짜를 잘못 예약해 몇천 원짜리 버스를 놓치면 모든 여행을 포기하고 싶어지는 지경에 이른다.

그런 연약한 상태로 며칠을 지내면 이질적인 풍경은 새로움을 잃는다. 세상이 떠미는 새로움은 여전하지만, 스스로를 지켜야 하기에 감각 자체가 무뎌진다. 버스 밖으로 이어지는 이질적인 풍경에 익숙해진다. 유리 밖 세상은 다른 게 너무나 자연스러운 것처럼, 그냥 새로운 게 당연하다며 눈을 감고 잠을 청하는 사람이 된다.

　　같은 것이 없는 일상은 너무나 빼곡하고 버겁다. 무거짐의 끝에 이르러 여행은 일정 기간 정해둔 코스를 모두 방문해야 하는 과제로 변한다. 마치 고행을 끝내려 견디는 사람처럼 여행을 한다. "여기까지 왔는데, 언제 다시 오겠어."라는 마음에 궁금하지도 않은 유적지를 보러 몇 시간씩 버스를 탄다. 유적지에 도착해서는 보는 둥 마는 둥, 제일 유명한 코스를 대충 돌고 다시 숙소행 버스를 탄다. 돌아가는 버스 안에서는 제대로 감상하지 못했다는 죄책감에 다시 한번 괴로워한다.

　　그렇게 여행을 반쯤 흘려보냈을 즈음, 함께 여행할 사람들을 만났다. 나처럼 여행지의 열기에 새카맣게 탔지만, 표정은 나보다 한결 가벼워 보이는 사람들이었다. 내가 가야 할 곳을 먼저 여행한 여행자들은 별것이 아닌 낯섦과 두려워해야 할 낯섦을 구분해 주었고, 쓸데없이 짙어지고 있던 감정들을 골라내 내 배낭 속에서 꺼내 주었다.

　　매 순간 변화하는 변수로 가득하던 일상에 일행이라는 변하지 않는 상수가 생기자, 삶은 빠르게 안정을 찾았다. 난 일행이라는 안전 기지를 찾자 실수를 저질러도 스스로에게 화내지 않았고, 세상을 잃은 듯 멍하니 있지도 않았다. 이래서 종잇장도 맞들면 낫다고 한 걸까. 밥을 먹어도, 길을 걸어도, 버스를 타도, 함께라는 것만으로 무섭지 않았다. 버스 창문 밖 새로운 풍경은 다시 영감이 되고, 이야깃거리가 되었다.

감정의 세계에도 규모의 경제가 있었다. 다 같이 걱정하면 걱정은 줄었고, 다 같이 행복하면 행복은 늘었다. 사람들과 함께 나는 자주 웃었고, 적게 초조해했다. 그렇게 여행이라는 일상은 점점 나아졌다. 불안이 밀려나자 세상이 보였다. 내 인생에 새겨지는 의외의 일들이 보였다. 여행이 아니라면 해보지 못했을 법한 일이 일어나고, 보지 못했을 세상이 덧붙었다. "사람이 미래다, 사람이 귀하다."라는 어른들의 말씀이 뼈저리게 와닿았다.

모든 것이 흔들리는 새로운 세계에 닿아서야, 변하지 않는 것들의 중요함을 배웠다. 변화의 바람을 견딜 안정적인 나만의 일상을 만들어야, 새로움에서 배움을 얻을 수 있었다. 우습게도 여행 중 가장 좋았던 일상은, 관광할 것 하나 없이 작은 도시에서 한국 사람들과 이름을 아는 음식을 먹고, 누군가 떠나지 않는 방에서 아침을 맞이하는, 한국에서와 다름없는 뻔한 순간들이었다. 그 순간들은 일종의 체력이 되어, 새로움, 다름을 인식하고 받아들이는 힘이 되었다.

한국으로 돌아와 주변의 소리, 창밖의 달라지는 풍경을 신경 쓰지 않아도 되자 일상 속 미세한 새로움이 보였다. 매일 같은 시간, 같은 장소에서 출근을 위해 길을 나서도 매번 세상은 달랐다. 때로는 짙은 남색 빛을 띠는 서늘한 세상이었고, 때론 하얀색에 가까운 밝고 뜨거운 세상이었다. 안정적인 일상은 시시각각 달라지는 세상의 새로움을 받아들일 여유와 체력을 내게 주었다. 나는 한국에 돌아왔지만, 여전히 여행을 하고 있었다. 매일 새로운 세상을 향해 길을 나서고, 그 어떤 곳에서보다 많은 영감을 얻었다. 먼 길을 돌아, 여행에서 돌아오니 여행이라는 일상은 여기, 내 삶 속에 있었다.

소란스러운 정적

강소리 ───────────────────────

북쪽 동네에 살고 있습니다. 다섯 번째 회사를 다니다가 최근 네 번째 회사로 다시 돌아왔습니다. 정체를 맞히는 분께는 선물을 드립니다. 개는 제 비밀을 모두 알고 있습니다.

어른이 되어 간다는 설렘과 불안 속에서 고등학교에 올라가며 나는 남들보다 이른 자취 생활을 시작했다. 처음에는 나만 있는 집이 고요해서 듣지도 않는 라디오며 영국 록 가수의 우울한 앨범 따위를 켜 놓았는데, 얼마 지나지 않아 그마저도 귀찮아 그만두게 되었다. 그 후로도 10여 년간 이어진 혼자만의 일상에서 나만의 공간에 소리가 끼어드는 일은 없었다. 내가 숨을 참으면 숨소리마저 들리지 않는 조용한 집. 밖에서 떠들썩하게 놀다가도 현관문을 열고 신발장 옆에 서면 느껴지는 적막과 고요가 나는 못내 편하게 느껴졌다.

세 번째로 다니던 회사가 견디지 못할 정도로 혐오스러울 즈음에 나는 개 한 마리를 데려왔다. 털이 복슬복슬하고 첫 생리를 이제야 막 끝낸 검고 우울한 개. 내가 살던 빌라는 회사에서 가까웠기에 점심마다 돌아가 개의 점심을 챙겼다. 개는 인간처럼 삼시 세끼를 먹지 않는다는 것을 누군가가 말해주고 복슬복슬하고 부드러운 개의 흰색 솜털이 모든 옷에 묻을 무렵, 문득 개가 만든 소리가 내 집 안에 가득 차 있다는 걸 깨달았다. 나만의 공간에 끼어든 소리가 가끔은 불편

했지만 대체로 그 소리들은 꽤 흥미롭게 느껴지곤 했다.

내 검은 개는 거실 창 앞에 앉아 골목길을 내려다보는 것을 좋아했다. 조금이라도 깨끗한 세상을 보라고 열어 둔 창 사이로 방충망을 뚫고 들어오는 바람의 소리, 빌라 1층 학원에서 뛰쳐나오는 어린아이들의 싱그러운 웃음 소리, 모퉁이 슈퍼를 온 사람들이 주인과 두런두런 이야기하는 소리, 신이 난 검은 개가 밖의 사람들을 향해 "나 여기 있어요!" 하고 꼬리를 흔드는 소리, 산책 나온 옆집 개한테 아는 체를 하고픈 검은 개가 거실을 운동장마냥 질주하는 소리.

비좁은 사무실에서 매일 마주치던 얼굴들과 말도 안 되는 말을 내지르며 작별한 뒤, 나는 가끔 개와 시원한 거실 바닥에 누워 있었다. 그러고 있으면 마치 세상이 내가 원하는 대로 돌아갈 것처럼 느껴졌다. 뜨끈한 검은 개와 등을 맞대고 잠들려 할 때면 시끄러운 소리들이 내 잠을 깨우는데, 그때 생기는 짜증마저 신비로웠다. 주말마다 윗집 아줌마는 이른 아침부터 청소기를 돌리고 빨래를 했다. 몇 시간 지나면 지방에 산다던 아이들이 요란하게 집으로 들어왔다. 늦은 저녁에는 옆집 남자가 친구와 먹을 음식을 잔뜩 사서 들어가는 소리가 들렸다. 옆집 남자의 친구는 약간 흥분된 목소리로 상을 폈다. 나는 혼자 산 지 10년이 넘어서야 문득 우리 집에 살고 있다는 생각이 들었다.

검은 개는 산책을 좋아해 하루도 거르지 않고 산책을 했는데, 언젠가는 움직이고 먹는 것조차 힘겨운 내가 이틀 동안 개의 산책을 따라 나가지 못한 적이 있었다. 9시가 넘어 흰색으로 밝게 빛나는 햇살이 집 안으로 잔뜩 들어오는 날이었다. 축축한 무언가가 내 입을 핥았다. 그다음은 볼을 핥았다. 갑자기 내 콧구멍 아래에 재채기를 나오게 하는 보드라운 솜털이 닿았다. 그러고는 다리 사이에 기분 좋은 무게감이 느껴졌다. 아침 고요 속에 '찹찹' 하고 거실을 거니는 검은 개의 발소리가 우렁차게 울려퍼졌다. 온통 암흑인 내 세상을 가득 채우는 개의 시끄러운 정적이 좋아서 나는 모른 체를 했고 결국 개는 거실 바닥에 우렁찬 볼일을 보았다.

나는 이제 네 번째 회사를 다니고 개는 여전히 혼자 집을 지킨다. 무더운 여름과 낙엽이 지는 가을, 모든 게 어는 겨울을 이겨내고 우리는 마침내 봄을 맞이했다. 나는 이제 현관문을 열고 10년 전보다 훨씬 큰 신발장 옆에 서서 검은 개가 만드는 신이 난 웃음 소리와 발소리를 듣는다. 난 착하고 조용하지만 다소 시끄러운 다정한 검은 개와 살고 있다.

풀이 죽은 여름 여행

우리 가족은 대한민국 여기저기 떨어져 산다. 엄마와 아빠는 잠깐 살기로 한 시골에 20년째, 동생은 학교 근처에, 나는 꿈을 좇아 서울에. 명절이나 온 가족이 모이는 편인데, 검은 개를 데려온 뒤 나는 종종 시골집에 가서 개를 자랑했다.

"힘들어서 어떻게 키우려고 그래... 돈 더 보내줄까?"

남들은 고향에 내려갈 때마다 효자 노릇 하려고 용돈을 주고 온다는데, 꿈을 먹고 살아야 하는 나는 항상 엄마의 안쓰러움으로 포장한 아빠의 돈을 거절할 수가 없었다. 남들은 손주를 데려온다던데 개를, 그것도 새까맣고 잔뜩 경계하는 검은 개를 데리고 온 자식을 용돈까지 쥐어주며 반겼다. 엄마아빠는 그렇게 몇 번을 더 개와 만나더니, 정이 붙었는지 가끔은 전화를 해 나보다 검은 개의 안부를 물었다.

검은 개가 완연한 우리 가족이 된 어느 여름날, 우리는 동해로 떠났다. 난생처음 애견펜션이라는 곳을 예약하고(심지어 펜션은 바닷가에서 멀리 떨어져 있었다), 지역 박물관이나 미술관은 갈 생각도 않았다. 횟집 대신 펜션 근처 아무 식당에서 음식을 포장해 먹었다. 펜션 구석구석에서 다른 개의 냄새를 맡고 잔뜩 흥분한 검은 개를 돌아가며 놀아준 끝에야, 우리는 겨우 잠들 수 있었다.

다음 날 아침, 인적이 드문 해변을 찾아 가기 싫은 눈치인 검은 개를 간신히 데려갔다. 사람은 없고 누군가 버렸을 쓰레기만 잔뜩 쌓인 모래사장을 거닐었다. 그즈음 개가 사람보다 낫다며 검은 개와 산책하는 데 재미를 붙인 아빠는 낄낄거리며 검은 개의 목줄을 잡고 쓰레기 해변을 마구 달렸다.

신이 난 아빠가 개의 목줄을 풀렀다.

순식간이었다.

검은 개는 뛰었다.

죽을힘을 다해 뛰었다.

자기 뒤를 따라오는 가족들은 알지도 못한 채 뛰었다.

내 샌들 끈이 끊어지고, 동생은 넘어지고, 엄마는 우리가 뛰면 더 도망간다고 안간힘을 다해 소리쳤다. 아빠는 말이 없었다. 어쩌면 말조차 못했는지도 모른다. 동생이 개를 앞질러 갔는데 잡지 못했다. 나는 순간, 아빠가 내 아빠가 아니면 좋겠다고 생각했다.

"저기요! 개 좀... 개 좀 잡아주세요! 거기 꺼먼 개 좀 잡아줘유!"

저 멀리 아이를 안고 오던 남자가 어쩔 줄 모르다가 개를 향해 뛰어가 발을 휘둘렀다. 검은 개는 화들짝 놀래, 부드러운 솜털이 가득한 아랫배 사이로 꼬리를 말고 뒤를 돌아봤다. 나는 내가 맨발로 쓰레기를 밟고 있다는 것을 그제야 깨닫고는, 어질한 느낌에 쓰레기 더미 위로 주저앉았다. 뒤를 돌아보니 아빠가 끈이 떨어진 샌들을 양손에 하나씩 달랑달랑 들고 서 있었다.

펜션으로 가는 차 안은 왁자지껄 난리가 났다. 검은 개가 놀랐다는 얘기, 샌들 끈이 끊어졌으니 쓰레빠를 사야 한다는 얘기, 넘어진 곳이 아프다는 얘기, 그 사람 아니었으면 큰일이 났을 거라는 얘기, 앞으로 바다는 가지 말자는 얘기. 수많은 얘기가 오가는 속에

목줄을 푼 아빠를 탓하는 말은 없었다. 아빠는 한마디도 없었다.

　시골집으로 가는 중, 기분이 좋아진 검은 개는 간식을 몇 번 받아먹더니 내 무릎에서 쪽잠을 잤다. 엄마는 조수석에 앉아 자는 둥 마는 둥 눈을 감고 있었고, 동생은 코까지 고로롱 골며 자고 있었다. 다섯 중 둘이나 깨어 있는데 차 안은 정적이 흘렀다. 내가 네 살 무렵 엄마와 둘이 놀이동산에 갔다가 나를 잠시 잃어버렸었다는 엄마의 말이 기억이 났다. '아빠는 그때 엄마에게 화를 냈을까?'

　시골집에 도착하고 엄마와 동생은 또다시 시끌벅적 떠들어대기 시작했다. 검은 개가 놀랬으니 좋아하는 닭 가슴살을 삶아서 줘야겠다는 게 요지였다.

　"아빠가 더 놀랬어. 아빠 아까부터 한마디도 안 하잖아. 청심환이라도 먹여."

　소파에 우두커니 앉아있던 아빠가 그제야 슬쩍 웃었다. 검은 개는 그날 새벽, 내 옆을 슬그머니 빠져나와 아빠 옆에서 잠에 들었다. 진짜인지는 모르겠지만 아빠 말로는 그렇다고 한다.

수

이철희 ─────────────

'그럼에도 불구하고'라는 말로 여전히 연명하는 사람.
@shine_.at

아마 수는 이 글을 읽지 않을 거다.

어젯밤 수는 잔을 부딪치더니 들이키다 말고 내게 헤어졌다고 말했다. 남자친구가 바람을 피웠다나. 이주 전 마지막으로 같이 살던 집에서 짐을 빼다 펑펑 울었다나. 쓴 걸 삼키려니 그만치 쓴 걸 내뱉어야겠지. 근데 너무 다행인 거다. 이제 와서 말하건대 수는 그 사람과 어울리지 않았다. 몇 번 만난 적은 없어도 그 사람은 지나치게 현실적이었다. 수에게 낭만인 것이 그 사람에겐 비효율이었다. 하고 싶은 걸 다 하면서 살고 싶다는 수의 꿈을 그 사람은 헛된 이상으로 취급했다. 그런 것치곤 혼담이 오갈 만큼 관계는 오랫동안 긴밀했다. 그 사람이 입사 동기와 바람을 피운단 사실을 알기 전까지는 말이다. 한참 동안 무지근한 독백을 이어 붙이던 수는 십분 여가 지나서 다시 잔을 들었다. 열대야 때문에 그새 얼음이 반쯤 녹아있었다. 그 밍밍한 하이볼을 마시다 말다 하더니 또 하소연을 쏟아냈다. 내가 지를 얼마나 좋아했는데, 나중에 꼭 후회할 거야. 지난 몇 년 동안 걔가 쌓아 올린 사랑이 하루 아침에 무너졌는데도 수는 그런 흔한 말을 굳이 골라

썼다. 나였으면 분명 맹렬히 욕과 험담을 뒤섞어 가며 그 사람을 죽이려 들었을 텐데.

- 야, 오락실 가자.

- 또?

안주로 나온 연어를 몇 점 집으며 수가 말했다. 내가 또? 라고 답했던 건 우리가 만날 때마다 높은 확률로 그곳에 들렀기 때문이었다. 오락실은 다음날을 기약하는 우리만의 의식 같은 거였다. 고등학교 때는 야자가 끝날 때마다, 성인이 된 뒤로는 술을 진탕 마시고 나면 꼭 오락실엘 갔다. 거기서 우린 주로 인형 뽑기를 했다. 적당히 돈을 잃으며 기분을 돋다 보면 금세 새벽이 되곤 했다. 그러다 중간중간 누구라도 인형을 기계 입구 아래로 떨어뜨리면 도파민에 취해 고성을 질렀다. 그게 평소 가지고 싶었던 건지, 크기가 큰지 아닌지, 비싼 건지 아닌지 그런 건 상관없었다.

무한 리필 횟집까지 와서 이것만 먹고 가자고? 그렇게 말하려다 마른 수의 눈을 보고선 그만두었다. 수는 감정에 충실한 성미를 가진 아이였다. 안 봐도 지난 며칠 동안 그 두 눈으로 몸 안에 있는 수분을 다 흘려보냈을 게 뻔했다. 우린 자리를 박차고 나와 밖을 나

섰다. 수는 몇 잔 들이켜지도 않은 술 때문인지 아니면 애써 밝은 척을 하는 건지, 아이가 실내화 주머니를 흔들며 학교에 가듯 날랜 걸음으로 저만치 나를 앞서갔다. 문득 우리가 처음 만났을 때가 떠올랐다.

　　나는 수를 고1 때 영자 신문반에서 처음 알게 되었다. 우리 학교는 남자와 여자가 철저히 분리된 곳이었기 때문에 동아리에 들고 첫 몇 주 동안은 수와 복도에서 가볍게 손 인사를 나누는 사이 정도였다. 그러다 동아리 홍보 준비를 하게 되면서 수랑 가까워졌다. 수는 나서는 걸 좋아해서, 나는 해외여행 경험이 있단 이유만으로 선배들이 임의로 선정한 거였다. 처음엔 각 반을 적당히 돌아다니며 말만 하면 되겠거니 했는데, 알고 보니 홍보란 신입생을 대강당에 전부 몰아넣고 무대 위에 서서 발표하는 것을 뜻했다. 한 해 동안 동아리의 흥망성쇠를 결정하는 중요한 자리였기에 그 어느 때보다 영어 선생님과 선배들의 이목이 우리에게 쏠렸다. 더운 여름날 학교가 끝나면 카페에서 빙수 하나를 시키고 앉아 우린 얼음이 다 흘러내릴 때까지 발표 대본을 썼다. 동아리 시간이 있는 금요일이면 까다로운 동아리장의 지휘 아래 모의 발표를 진행했다. 자

세와 목소리 톤, 심지어 머리 스타일과 복장까지도 지적받아 가면서. 차라리 기사를 열 번 더 쓰는 게 낫다고 금요일마다 생각했다. 그건 수도 마찬가지였으므로 똘똘 뭉칠 수밖에 없었다, 우린.

　그 동아리장이 학교를 떠나고, 우리가 고3이 되면서 점점 영자 신문반과 멀어졌다. 종종 새로 들어온 1학년 부원들이 도움을 청할 때만 그에 응했다. 동아리에 집중하기엔 우리 앞에 대입이란 큰 숙제가 가까이 놓여 있었다. 다만 수와는 시간을 더 보냈다. 아무튼 우린 난관을 함께 헤쳐 나가는 일종의 전우애로 엮인 사이였기에. 영자 신문반은 철저히 재밌어 보여서 지원했다가 덜컥 합격했단 걸, 사실 중학교 때부터 미용을 준비하고 있었단 걸, 곧 관련된 대학에 지원할 거란 걸 얼마 지나지 않아 수에게서 듣게 되었다.

　학교를 졸업하고 뜬금없이 나는 유학을 결정했다. 유학원을 다니며 어학 시험을 준비하는 동안 수는 한 프랜차이즈 미용실에 들어가 인턴을 했고 그때 모은 포트폴리오로 디자이너가 되었다. 지금의 그를 만난 건, 수가 디자이너가 된 직후의 일이었다. 이젠 구남친이 되어버린. 수는 몇 통의 전화와 문자를 통해 말해준 내용을 정리해 보자면 이랬다. 한 술자리에서 누군가 수의 번호를 물어왔고, 그에 응한 뒤 얼마 지나지 않아 사귀게 되었으며, 그 사람은 큰 용기를 낸 공대생이었다.

아홉 시간의 시차가 존재하던 곳으로 떠나서도 수는 종종 시시콜콜한 소식을 멀리서 전해왔다. 심지어 문자 속 어투나 목소리만으로도 수의 표정을 짐작할 수 있는 지경에 이를 만큼 연락은 빈번했다. 수는 디자이너가 된 지 얼마 지나지 않아 실장이란 직함을 달았다고 했다. 두 끼를 거를 정도로 바빠 죽겠단 말을 입에 달고 살았지만 그러면서도 깔깔대며 웃었다. 세상에 잠식되지 않고 티 없이 해맑은 수가 내심 기특했다. 그렇게 수는 일도 사랑도 완만한 우상향 곡선 모양을 그려나갔다. 내가 과제에 시달리느라 연락이 없을 때도 어느 순간 불현듯 나타나서는 잘 있다고 말해주곤 했다. 마치 영화 속 점프 스케어처럼. 그러나 그처럼 무섭지는 않은. 되려 반가웠던.

그로부터 이 년여가 흘렀을 무렵, 나는 전염병에 휩말려 한국으로 들어왔다. 차츰 판데믹이 풀리면서 오랜만에 수를 보았다. 마스크로 반쯤 가린 얼굴

외에 달라진 것은 하나도 없었다. 오히려 조금 더 단단해져 보였다. 오늘 거쳐 간 한 무례한 손님과 퇴사에 관해, 얼마 전 사소한 사랑싸움에 관해, 친구와의 연락 문제로 다툰 건에 관해 내 의견을 묻긴 했지만 그게 다였다. 수는 별일 없이 잘 지내고 있었다.

헌데 수가 그토록 믿고 있었던, 다름 아닌 사랑이 수의 평화를 깬 것이었다. 수는 그와 5년을 넘게 사귀었고, 항상 SNS 프로필에도 그와 찍은 사진을 액자처럼 전시해 뒀다. 종종 문자를 통해 그와 있다고, 늦은 밤이어서 그가 데리러 와줬다는 말을 내게 했다. 지난여름엔 어렵게 연차를 내 여행도 갔다 왔다고 자랑하듯 얘기해줬다. 그토록 순진무구한 아이를 끝내 배신한 거다, 그는. 입 밖으로 꺼내진 않았지만 분명 함께한 시간의 총량이 사랑의 총량과 반비례하지 않는단 사실을 깨닫고 수의 세계는 무너졌으리라. 우수수.

수는 갑자기 내게 되돌아와서는 오락실 안 작은 코인 노래방에 가자고 했다. 이별 노래를 잔뜩 부르고 싶다면서. 내 대답을 듣지도 않고서 부스로 쳐들어간 수는 마이크와 리모컨을 손에서 놓지 않았다. '우리가 헤어진 진짜 이유'로 시작해 '지우개'로, 그러다

'어떻게 이별까지 사랑하겠어, 널 사랑하는 거지'로, 마지막엔 '널 사랑하지 않아'를 불렀다. 중간중간 내가 잘 모르던 이별 노래도 섞여 있었다. 노래 제목들이 하나같이 걔의 마음을 대변하는 것 같았다. 시간이 갈수록 수는 눈에 더 많은 양의 물기를 머금었다.

    두 시간이 지났을까, 수는 부스를 나오며 이제 되었다고 했다. 집에 갈 시간이 되어서 그런 말을 한 건지, 그제야 이별을 끝내고 잊을 준비가 되어서 그런 말을 한 건지 나는 묻지 않기로 했다. 수와 함께 버스를 탔다. 운전석 뒤 모니터에서 다음 주부터 장마가 시작된다는 뉴스가 흘러나왔다.

죽음에 대하여

차대근 ─────────────

내가 쓴 이야기를 누군가 행복하게 들었으면 좋겠다고 꿈꾸며 잠들곤 합니다. 누군가가 이야기의 나머지를 상상하며 잠들었으면 좋겠습니다. 그런 꿈을 꾸며 글 쓰는 사람입니다.

어디서부터 시작해야 할까요. 가장 익숙한 나의 삶에 대해서 쓰면 쉽게 쓰일까요. 허나 삶을 한순간도 멈춘 적 없어도 글로 쓰려 떠올리면 '살아있다' 느끼며 살았던 순간은 손에 꼽을 듯합니다. 살아있는 것이 너무 익숙해져서 그런 거겠죠. 그러니 정반대인 죽음에서 이야기를 시작해 보려 합니다. 한 번도 죽어본 적은 없으니 조금 어색하겠지만, 원래 사람이란 익숙하지 않은 것을 상상할 때 더 감각적인 법이니 결과물은 조금 더 화려하지 않을까 기대합니다.

내 삶의 끝에 받을 평가가 내가 사랑했던 것들로 이루어진다면 저는 어떤 벌을 받을까요. 내가 죽는 그 순간에 나는 어떤 사람으로 기억될까요. 나는 게으른 주말에 늘어지는 낮잠을 사랑했습니다. 뜨겁지 않은 햇살 아래 약한 선풍기 바람이 얼굴을 스치는 감촉을 사랑했고, 부드럽게 사각거리는 이불이 피부 위로 지나가는 소리를 사랑했습니다. 무엇도 서두르지 않아도 되는 그 순간에 의미 없이 흘러가는 시간이 얼마나 달콤했는지 삶 따위 무시하고 이대로 죽어버려도 좋겠다 싶었습니다. 그러다 밤이 오고 초승달과 함께 미뤄둔 일들이 기억에서 떠오를 때면 나는 내가 사랑했던 것을 저주하며 까만 밤을 지새우곤 했습니다. 사랑하고 증오하는 나의 주말이 변하지 않고 반복되는 것은 익숙함의 결과일까요 아니면 망각의 결과일까요. 어느 쪽인지 몰라도 먼 훗날 나의 평가에 상으로 남을 것 같진 않습니다.

누군가를 사랑했던 날들은 또 얼마나 예쁘고 잔인했던지. 그 사람의 입술이 움직여 소리를 만들고 뜻이 담기는 것을 볼 때면 단어 단어마다 빛이 쏟아지는 기분이었습니다. 사소한 단어에 초성이 열리고 혀가 떨어지며 소리가 닫힐 때면 나는 내 삶도 같이 반짝이며 떠올랐다가 꺼져가는 느낌에 어쩌면 이렇게 죽어버릴지도 모른다고 느꼈습니다. 그럼에도 나는 죽지 못했고, 대신 어절과 어절 사이에 갇힌 듯, 그 사람이 하는 말에서 도망치지 못한 채 한참을 목매곤 했습니다. 우스운 일입니다. 여름이 봄을 사랑한들 겨울보다 먼저 봄을 기다릴 수는 없는 법입니다. 나는 왜 언젠가 여름에도 노랗고 빨간 봄꽃이 필 거라고 믿었을까요. 장마처럼 쏟아지는 땀과 눈물에는 언제나 쓰고 짠맛뿐인데 나는 왜 사랑이 달콤할 것으로 생각했을까요. 여름 한낮이 가슴에 서린 듯 애가 타는 나날이 끝나고도 나는 답을 찾지 못했습니다. 아니, 어쩌면 아직 열대야의 밤일지도 모릅니다.

만약 내가 아주 오래 산다면, 그래서 뜨겁던 가슴도 조금 식고 수확했던 것들이 삭아 없어질 겨울쯤 되면 지금보다 사랑하는 것들이 많아질까요. 그렇다면 사랑하는 만큼 사랑받지 못하는 간격이 외로울 텐데 오래 살면 큰일이다 싶습니다. 아니면 오랜 시간이 지나 외로움도 익숙해지고 누군가와 함께일 때 행복했다는 것도 잊어버릴지 모릅니다. 오래 살다 보면 그렇게 마른 고목처럼 그저 존재할 뿐인 순간이 나에게도 오겠죠. 그런 순간이 오면 어릴 적에 읽었던 아낌없이 주는 나무처럼 나의 삶 끝에 남을 나의 나머지가 내가 사랑하는 사람들에게 요긴하게 쓰이길 바랍니다. 그러기 위해서는 나의 삶이 조금이라도 싱싱할 때 삶을 깎아 더 많이 모아 두어야 합니다. 돈이든 글이든, 아니면 하다못해 건강 관리로 멀쩡한 장기라도 더 만들어 두어야 더 많이 나누어 줄 테니까요. 내가 사랑하는 사람들을 위해 내가 사랑하는 것들을 희생하다니, 한없이 모순적입니다.

　　　이렇게 걱정하고 준비해서 죽고 나면 그다음은 무엇일까요. 확신할 수는 없지만 마땅히 따르는 종교가 없었으니 그저 새로운 삶으로 갈아타는 일이 반복될 확률이 높을 것입니다. 만약 다음 생을 정할 기회가 있다면 북태평양에서 해달로 태어나면 좋겠습니다. 동물원에 사는 나무늘보도 괜찮고, 부잣집 고양이도 괜찮을 듯합니다. 물론 기적이 일어나지 않는 한 미생물이 나의 다음 생일 것이며, 사소한 기적이 일어난다면 개미로 태어날 것입니다. 종교에서 말하는 천국과 지옥이 사실이라면 어느 종교의 것인지도 궁금해집니다. 기독교의 천국과 지옥이라면 약 20초 이내로 유황불에 불타오를 테니 꽤 나쁘지 않겠지만, 불교 쪽이라면 곤란합니다. 튀겨지고 갈라질 몸뚱이는 제발 속세에서만 존재하길 한 번 더 빌어봅니다.

　　　주저리주저리 길게 써놓았지만, 사실 나의 삶은 이런 고민이 무색할 만큼 너무도 가벼워서 막상 끝날 때가 되면 거의 느껴지지도 않을 무게일 것입니다. 대학생 때 이사를 위해 싸 놓은 나의 짐이 너무 작아 허무했던 날이 있습니다. 상자 몇 개와 캐리어 가방 한 개로 끝나던 내 삶의 전부가 너무 작고 가벼워 어쩌면 내가 사라져도 아무도 눈치 못 채겠다 싶었습니다. 심지어 지금은 그때보다도 물리적인 짐은 더 적으니 내 삶을 통째로 누군가의 어깨 위에 올려놓아도 그 사람은 어깨 결림 이상으로 인지하지 못할 수도 있습니다. 이렇게 가벼운 무게로 떠다니는 삶이 끝난다고 한들 의미가 있을까요. 물 위에 떠 있는 부레옥잠이 그렇게 수질 정화에 좋다던데 나도 이렇게 떠다니다 보면 사회 정화에 도움이 되는 걸까요. 아니면 개구리밥처럼 그냥 쓸모없이 떠 있는 걸까요. 질문은 끝나질 않지만, 어디에도 답은 없습니다. 다만 어제도 그랬듯 오늘도 삶에 적응하며 언젠가 내가 죽음을 망각하고 있을 뿐입니다. 그렇기에 내일도 사는 거겠죠.

사랑에 도리를 다한다는 것

박주영 ―――――――――――――――

유유자적한 삶을 추구하지만 그럴 수 없는 현세를 살고 있습니다. 글과 책이 느긋함을 누릴 수 있는 유일한 공간이라 여겨 비록 나태한 됨됨이지만 글만큼은 의외로 성실하게 쓰고 있습니다. 무감에 저항하고 가능하면 호기심과 애정이 많은 사람이 되고 싶어 도움되는 것들을 하나씩 수집하고 있습니다. 요즘은... 하타요가와 감초차...

사랑의 정의를 내리는 일

사랑을 증명하는 방법이라는 게 있나. 아직 사랑을 정의하는 것조차 벅차서 기껏해야 사랑에 대해 말하는 글들을 틈틈이 주워 모아 나름의 정의를 내려 보려 하는 정도인데, 그것을 증명까지 해야 한다니 머릿속에서 '일단은 여기까지만 할까' 하는 생각이 하품처럼 새어 나온다. 사실상 나는 연애 생각도 없고 익숙한 사랑의 감각만으로 기존에 있는 관계들과 일상을 보내기에는 충분하다. 그러니 구태여 소리 내어 말하기 낯간지럽고 벅찬 '사랑'이라는 가치를 정의 내릴 필요가 있을지는 의문일 수밖에 없다. 그러나 모든 관계에 있어 사랑이라는 것은 그것 그대로 충분하다고 느껴도 사실은 결함이 있기 마련이다. 기존의 사랑들을 발전시키는 계기를 위해서라도 사랑을 정의해보는 일은 우리의 삶을 평탄히 고르는 것에 있어 꼭 필요하다. 다만, 관계에서 얻을 수 있는 사랑은 상대가 누구냐에 따라 생겨나는 감정의 결이 다르므로 정의라는 표현은 조금 과하다. 부딪히고 다시 가까워지는 것을 반복하는 사이에서 늘 옳고 의로울 필요는 없으니 (애초에 불가능하고) '도리' 정도를 생각해 보는 것이 맞겠다.

사랑을 수집하기

사랑에 관한 책들을 보면 많은 작가들이 내놓은 훌륭하고 아름다운 사랑의 정의들이 있지만 그런 구절을 적어 모으더라도 시작은 나의 안에서 이루어져야 한다. 나의 경우는 책을 읽던 중에 와닿는 구절을 보게 되면 따로 적어두고 그것과 맞닿아있는 생각이 떠오를 때 다시 꺼내어 '그런가?' 질문해 본다. 책을 읽을 당시에는 작가의 생각을 따라가며 '그럴 수밖에 없다'는 생각을 하지만 책이 아닌 나의 삶의 복판에서 그 구절을 다시 읽어볼 때는 조금 다른 느낌으로 다가오기 때문이다. 중요한 것은 내 삶의 사랑도 그러한가 하는 질문이다. 언젠가 읽었던 책 <나란 무엇인가>의 한 대목이다.

사랑이란 상대의 존재가 당신 자신을 사랑하게 해주는 것이다. (...)

그렇기에 서로에게 더할 나위 없이 소중한 존재이며,

그렇기에 한층 더 상대를 사랑한다.

삶에서의 사랑

이 책에선 '분인'이라는 개념을 사용해 사랑을 정의하고 있다. 상대편을 사랑한다는 것은 수많은 관계로 나누어진 나(분인), 그중의 하나를 사랑한다는 것이다. 내가 상대를 사랑한다고 마음속으로 정할 때 느끼는 마음은 이렇다. '그 사람이 계속 나와 이런 평화롭고 평범한 날들을 보낼 수 있는 상태로 머물렀으면 좋겠다.' 지금 나누고 있는 감정들, 그리 대단치 않은 순간들을 며칠 후에도, 다음 달에도 다음 해, 몇십 년 후에도 함께 하고 싶다는 마음이, 불가능하다는 것을 알면서도 영원을 바라게 된다. 그 사람과 있는 나 자신이 늘 무사하고 온전하기를 바라는 마음. 그것은 분명 분인의 개념대로라면 상대와 함께하는 나의 모습을 사랑하는 것이지만, 상대가 없으면 그로 인해 존재하던, 다른 나 또한 사라지므로 나를 사랑하는 마음이 곧, 상대를 사랑하는 마음을 지탱해 주는 것이다. 아울러 나를 지탱해 주는 것은 상대를 사랑하는 마음이다. 사랑은 삶에서 서로를 붙들어둔다. 그러나 영원이란 시간은 없고 사랑하는 사람의 죽음은 우리가 사랑을 미처 깨닫고 있지 못하고 있을 때도 찾아온다.

애도로서의 사랑

사랑이 빼빼로, 초콜릿, 사탕을 주는 것, 쑥스럽고 돈이 드는 것이라고만 알던 어린 시절의 나와 함께 한 가족을 덜컥 잃는 일은 무척이나 혼란스럽다. 몇 년 전에 할아버지가 폐렴으로 돌아가셨을 때도 그랬다. 자꾸만 터져 나오는 울음을 참기 힘들어하던 고모에 반해 눈물 한 방울 떨구지 못했다. 너무 어릴 때부터 존재해 왔던 일부가 빠져나간 빈 공간을 어디서부터 더듬어 봐야 할지 몰랐다. '내가 당신을 사랑했는가' 하고 스스로에게 던진 물음에도 답할 수 없었다. 그러다 문득 별일 없이 모여 식구가 밥을 먹게 되었고 집에 돌아가는 차에 타서야 비로소 그것이 사랑하는 사람을 잃은 슬픔임을 알아차렸다. 조수석에 탄 채로 대문 앞에 서서 시끌벅적하게 인사를 하는 식구들 뒤로 빈 공간이 보였다. 이제 환하게 웃으며 손을 흔드는 할아버지를 볼 수 없구나. 영어로 '바이 바이'라고 인사하는 음성을 들을 수 없구나. 이제는 그런 것들을 볼 수 없고 답할 수도 없겠구나 하는 생각을 하는데 울컥 눈물이 차올랐다. 고개를 돌려 얼굴을 아무도 없는 창을 향한 채로 때늦은 슬픔을 꾹꾹 삼켰다. 그리고 조금은 안심하는 마음으로 조심스럽게 이전에 던졌던 물음에 답해보았다. '나는 당신을 사랑했던 것 같습니다.' <나란 무엇인가>에도 비슷한 일을 이야기하는 구절이 있다.

"우연한 순간에 고인을 떠올리며 '아, 그 사람과 얘기하 고 싶다' 는 생각이 들었을 때, 비로소 그 부재를 통감하고 내가 가장 사랑했던 나, 요컨대 고인과의 분인으로는 더 이상 살아갈 수 없음을 깨닫는다."

사랑을 인식하는 감각

우리가 필요로 하는 것은 사랑의 증명이 아니다. 깊어지는 것이 목적이라면 그것을 파고들어 갈 수 있는 감각, 사랑의 감각이 될 것이다. 사랑의 감각은 말 그대로 사랑을 인식하는 감각이다. 그중 상대방을 향한 사랑이라 할 때, 사랑을 인식하는 시간은 영원하지 않다. 시간이 지나면 사랑을 인식하는 일에 게을러져서 하나의 평범한 덩어리로 퉁쳐 버리는 때가 온다. 편해진 관계라고 착각하며 무심하게 사는 동안 사랑은 과거의 감정이 되어 점점 멀어진다. 그리고 더 지나면 사랑이 아주 떠나가 버렸다고 여기지만 사랑은 사실 늘 거기 있었다. 더 이상 발견되지 않았을 뿐이다. 한 번 무심해진 사랑의 감각은 다른 감각들에 밀려 쉽게 흐려진다. 사랑을 지키기 위해서는 적지 않은 노력이 필요한 것이다. 나와 상대방에게 나란히 존재하는 사랑을 인식할 수 있는 감각을 부단히 단련해야 한다. 그랬을 때 사랑을 증명하지 않아도 비로소 사랑의 도리를 다할 수 있다.

기억의 분자

한정현 ——————————————

구겨진 마음들을 꺼내 자주 먼지를 닦아내고 가끔 모서리를 매만지며 정리하고 있습니다. 그렇게 쓰인 것들은 나에 대한 역사, 삶에 대한 의지, 그리고 그 모든 것들에 대한 애정입니다. @h_junghyun

냄새란 한순간 강렬하게 다가오는 것 같다가도 금방 변질되고 휘발되기 마련입니다. 사진이나 동영상으로 담아 남기는 것도, 두고두고 꺼내보는 것도 불가능합니다. 그 공간의 온도와 습도까지도 순간의 냄새에 영향을 주고 그만큼 냄새를 온전히 간직하는 건 어려운 일입니다. 그런데 어떤 향기는 잠깐 스쳐 지나갔을 뿐인데도 쉽사리 잊히지 않기도 합니다. 돌이켜보면 왜 그날 그곳에서 그런 향이 났는지 논리적으로 설명되지 않는 경우도 더러 있습니다. 때로는 추상적이고 때로는 막연한 향기들도 기억 속에 나름의 방식으로 자리를 차지하고 있습니다. 언젠가는 내가 간직하던 향기 역시 희미해지고 잊히는 날이 오겠지만, 그 향기에 기억을 붙잡아두는 힘이 있다는 생각이 듭니다. 어쩌면 순간을 놓치면 영영 향기를 잊어버리기도 한다는 것이, 나에게는 두려움으로 다가오기도 했습니다.

　　진심으로 좋아하는 사람을, 혹은 무언가를 마주했을 때의 눈빛을 본 적이 있습니다. 그 밖의 다른 것들은 이미 배경이 되어 시야에 들어오지 않고 그 사람의 얼굴만을, 혹은 그 무언가를 옅은 미소와 함께 집중해서 바라보는 그런 눈빛에서는 비에 젖은 나무의 뿌리 향기가 났습니다. 그 진한 갈색의 반짝이는 눈빛을 보고 있으면, 약하고 가벼웠던 나무가 물기를 머금어 한층 무거워지고 단단해지는 것을 보는 듯했습니다.

진실한 애정이 담겨 있지만 너무 높지도 않고 너무 낮지도 않은 차분한 목소리를 들어본 적이 있습니다. 신중함이 담겨 있는 목소리에서는 약간은 쌉쌀한 듯하면서도 포근하게 감싸 안아주는 따뜻한 말차의 냄새가 났습니다. 빠르지 않은 말투에 함부로 뱉는 단어라곤 찾아볼 수 없는, 그런 말들을 듣고 있노라면 한겨울의 찻집에서 연기가 모락모락 피어오르는 차 한 잔과 함께 있는 기분이 들었습니다.

소중한 것을 어루만지는 손길을 느껴본 적이 있습니다. 조심스럽게 쓰다듬는 손길에서는 봄에 두 번째로 피는 꽃의 향기가 났습니다. 애착과 걱정이 섞인 그런 손길은 내게 봄의 따뜻함과 아름다움을 가르쳐 주었습니다. 애틋한 꽃향기는 내게 앞으로 필 꽃이 아직도 많다고 말해주는 것 같았습니다.

누군가가 나의 이름을 넣어 한 글자 한 글자 꾹꾹 눌러 담아 쓴 편지를 받아본 적이 있습니다. 누군가를 떠올리면서 썼다 고치기를 반복한 정성어린 편지를 써본 적도 있습니다. 마음만 먹으면 고민의 흔적 따위 남기지 않고 깨끗한 글을 얼마든지 쓸 수 있는 세상에서, 손으로 써 내려간 편지에서는 외진 골목에 숨어 있는 작은 술집의 스위트 마티니 냄새가 났습니다. 획의 굵기도 제멋대로에 글씨체가 정갈하지 않아도 그 안에 들어있는 다정함을 생각하면 나의 마음 한편이 맑아지는 기분이 들고, 어딘가 괜히 애잔해지기도 했습니다.

  무언가에 몰두한 채로 창백한 새벽을 보냈던 적이 있습니다. 어스름녘에서는 비가 그친 뒤에 부는 바람의 냄새가 났습니다. 비는 그쳤지만 완전히 맑아지지는 않은 하늘의 작은 습기를 머금은 선선한 바람은, 나만의 세계와 현실 세계 사이의 어디에도 속하지 않은 복도가 아니었나 생각합니다. 시간 가는 줄도 모르고 무언가에 골몰해 있다가 문득 날이 밝아오고 있음을 알아차렸을 때에는 아무도 없는 바닷가에서 혼자 멍하니 지평선을 바라보다가, 갑자기 찾아온 파도에 양말과 신발이 젖는 기분이 들기도 했습니다. 그 약간의 차가움이 썩 기분 나쁘지만은 않았습니다.

  자신만의 취향을 가득 담아 깔끔하게 정돈된

방을 본 적이 있습니다. 작은 담요 한 장, 책상 위에 놓인 펜 한 자루까지 마치 원래부터 그 자리에 있었던 것처럼 자연스러우면서도 단정한 방에서는 화사하면서 묵직한 느낌을 주는 진한 에스프레소의 냄새가 났습니다. 안락한 공간이 주는 즐거움은 자극인 동시에 휴식이기도 했습니다. 오래 머무르고 싶은 공간을 만나는 일은 어렵고도 소중했습니다.

　　당신은 알고 있는지요. 당신에게서는 늘 한 번도 펼쳐보지 않은 새 책의 냄새가 난다는 것을요. 나는 당신을 제대로 읽어본 적도 없으면서 앞 부분에 적힌 몇 문장으로 지레짐작하여 가끔은 당신에 대한 편견을 가지기도 했고, 또 가끔은 당신을 안다는 오만한 착각에 빠질 때도 있었습니다. 그걸 깨닫는 순간마다 당신은 내게 새롭게 다가왔습니다. 수도 없이 당신을 이해했다는 오해에 빠졌지만, 당신이라는 책이 얼마나 공들여 쓰였는지 만큼은 한순간도 잊은 적이 없습니다. 나는 그토록 공들여 쓰인 당신을 그 냄새가 닳지 않도록 천천히 읽고 싶다고 생각했습니다.

　　나는 가끔 이 향기들을 공병에 담아두고 그리워질 때마다 향수처럼 뿌리고 싶다는 생각을 하곤 합니다. 내게 필요할 때 맡고 싶은 향기를 한껏 들이마실 수 있다면, 아니 그 향기 속에 내가 빠질 수 있다면 얼마나 좋을까요. 그러나 내가 아끼는 이 향기들도 시간이 지나면 기어이 어렴풋해질 것을 알고 있습니다. 향기란 마침내 흩어질 것이고, 먼 훗날에 볼 수도, 들을 수도, 만질 수도 없는 기억이 되겠지만, 그 기억의 아주 작은 조각이 어딘가에는 남아있을 것을 믿습니다.

사랑.

단어를 입안에 넣고 굴려본다.
뱉어보기도 하고 꿀꺽 삼켜도 본다.

나가며 | 혼자 남은 마음에게 | 송재은

　살아 있는 사람이 해야 하는 일의 무심함은 가끔 서럽다. 그것은 대부분 혼자를 견디는 일이다. 혼자를 느끼는 일인가. 이런저런 진지한 고민을 하면서도, 삶의 방향을 좌우하는 선택을 앞에 두고서도 빨래하고 밥 먹고 설거지 하고 씻고 잠에 드는 일로부터 완전한 휴식은 없다. 지나온 시간으로부터 벗어날 방법이 없어 울다가도 무방비하게 오늘의 웃음에 노출되고 희망에 사로잡힌다. 그런 와중에 다시 방바닥의 머리카락을 줍고, 변기를 닦는가 하면, 분리수거를 제때 해야 한다. 미래를 걱정하면서도 그보다 먼저 자질구레한 일상의 먼지를 벗겨내는 일을 멈출 수 없음이 지칠 때가 있다. 하고 싶은 것의 목록을 적기 이전에 해내야 하는 일이 이미 너무 빼곡하다. 우리는 대대로 이어져 내려오는 시시포스의 형벌을 산다. 그 어떤 자손도 벗어날 수 없는 일을. 그리하여 영화 같은 삶이란 빼곡한 것들을 표백한 장면만 담긴 이야기를 꼬집는 말 같다. 지독하게 현실적인 영화를 볼 때면 마주하는 것은 낭떠러지 아래 수심을 알 수 없는 바다가 하얀 포말을 일으키며 문득 드러내 보이는 검은 속내, 현실로 돌아서도 결코 오를 수 없는 깎아지른 절벽이다. 어디로도 도망갈 수 없을 것만 같다.

책 <슬픔을 아는 사람>에서 작가는 살아 있는 사람이 해야 할 일의 목록에 '울음을 참기. 마침내 울음을 터뜨리기.'를 올렸다. 나는 파도처럼 밀려드는 삶 앞에서 '마침내' 울고 싶어지지만, 마침내는 대체 언제인가. 얼마나 참아야 마침내가 오나. 삶의 목록은 가벼워지지 않는다. 한번 시작된 것은 영영 끝나지 않고 마음의 잔여가 된다.

10년 넘게 치매를 앓은 할아버지가 잃은 기억의 공백을 메우는 건 우리 가족 모두의 몫이었다. 실종된 할아버지를 하루 종일 찾아다녔던 아빠와 삼촌은 결국 지친 할아버지를 20년 전에 살던 동네 골목에서 발견했다. 할아버지는 그동안 일어났던 기쁨과 슬픔의 전말을 무책임하게 우리에게만 남겨둔 채로 홀로 멀리 걸어 20년 전으로 가버렸다. 매일 눈을 뜨면 몰려드는 과거의 목록과 울음으로부터도, 다만 현실로부터도 할아버지는 멀어지고 있었다. 오늘을 살아가는 누구도 그곳으로 가서 그때 그 사람이 되어줄 수는 없어서, 마침내 할아버지는 혼자 남았다. 나는 할아버지가 너무 오래 살아서 기억을 잃을 수밖에 없었다고도 생각한다. 어쩌다가 그렇게 오래 살지만 않았더라도 기억을 잃지 않았을 텐데. 치매에 걸린 노인들의 기대수명에 비해 할아버지는 정말 오래 살았다. 십 년이 넘도록 구멍 난 세계에서 갑자기 너무 늙어버린 아내(할머니)를 붙잡고 혼자를 견뎠다. 할아버지는 갑자기 미래에, 갑자기 과거에, 갑자기 현재에 내팽개쳐지는 혼란 가운데 아침에 눈을 뜨면 거실로 나와 소파에 가만히 앉은 채로 하루를 버텼다.

할아버지는 계속 무언가를 중얼거렸는데, 처음에는 주변 사람들에게 소리치는 말이었으나, 목소리와 말은 세월에 마모되어 할아버지는 결국 아주 작은 소리로 알아들을 수 없는 말을 중얼거리게 됐다. 나는 할아버지가 무슨 말을 했을지, 무슨 말을 자꾸 했어야만 했는지 가끔 생각하곤 한다. 기억이 할아버지의 입에서 새어 나온 건 아니었을까. 남은 것을 하나씩 호명해 보곤 잊어버리는 것. 안으로

차곡차곡 담아갔던 것들을 천천히 불러보며 자신의 삶을 읽어 내려간 것은 아니었을까. 나는 기억을 잃는 일에 대하여 그렇게 말해보고 싶다. 어째서 할아버지의 기억이 속수무책으로 사라졌느냐 하면, 그것이 노화가 아니라 과정이었노라고, 삶을 비워간 것뿐이라고 생각하고 싶다. 마침내 혼자 남은 사람이, 혼자 남을 수 있었던 사람이 해야 할 일이었다고, 빈자리를 상상한다.

지금의 나보다 열 살 가까이 어린 사촌 오빠는 스물다섯의 나이로 생을 마쳤다. 오빠가 살고 싶어 해서, 나는 그를 세상에 남겨두고 싶었다. 어딘가에 그를 새겨두고 앞으로도 이어질 세상을 계속 말해주고, 뭔가를 분명 보여주고 싶었다. 다짐은 얼마나 무색한지 나는 그가 살고 싶어 한 내일을 허투루 산다는 생각이 들 때면 죄책감에 시달렸다. 내 하루가 그에게는 미안한 것이 됐다. 오빠는 과거가 아니라 미래를 정리해야 했다. 수없이 그려본 내일을 지우개로 지워야 했다. 남은 시간 동안 지나온 시간을 돌아볼 것이 아니라, 오늘 주어진 매 순간, 그 모든 것의 냄새를 폐부 깊숙한 곳까지 들이마셔야 살아있다는 실감을 할 수 있어서 조급하게 숨을 쉴 수밖에 없었을 것이다. 그로부터 일 년 뒤 피렌체에서 만난 한국인 프랑스 유학생은 오빠를 떠오르게 했다. 똑같이 프랑스에서 유학하며 유럽 여행 중인 그를 나는 일부러 오빠에게 빗대어 봤다. 사실은 하나도 닮지 않았을지라도 작은 공통점들을 찾아내 내가 잃은 존재의 흔적과 다시 한번 시간을 보내고 싶었다. 그가 무사히 한국으로 돌아가 오래오래 건강하게 잘 지내면 좋겠다고 생각했다.

　우리는 어쩌면 늘 누군가의 몫까지 살아가고 있는지도 모른다.

　죽음 앞에서 살아 있는 사람이 해야 하는 일의 무심함은 여전히 서럽다. 그것은 대부분 혼자를 견디는 일이다. 혼자를 느끼는 일인가. 내가 사랑했던 두 사람은 죽음의 무심함 앞에서 매 끼니 먹기 위해 애썼다. 잠에 들기 위해 애썼고, 지나온 것과 다가올 것들 사이에 갇혀 고통을 잊고 하루를 버티기 위해 애썼다. 얼마 남지 않은 시간에도 그들은 삶으로부터 자유롭지 못했다.

　마지막 이후에 나는 그들로부터 분리되어 혼

자 남았다. 혼자 남은 마음은 형사가 된다. 홀로 남아 그들의 존재를 증명하기 위한 흔적을 찾고, 증거를 수집하고, 기록을 남긴다. 그 모든 것은 사랑을 말하기 위함이다. 떠나고 남겨진 자리에서 나는 다시 한번 사랑을 발견한다. 우리가 맞닿아 있을 때는 미처 볼 수 없는 크기와 모양을, 짐이 다 빠져나간 공간의 모습을 처음으로 보듯 알게 된다. 그곳에 남아 나는 여전히 해야 할 일을 한다. '울음을 참기. 마침내 울음 터뜨리기.'가 목록에 올라간 것은 그리움이 된 사랑 탓이다. 앞으로 지워지지 않을, 살아 있는 사람이 해야 하는 일의 목록이 또다시 조금 늘었다.

삶에서 한번 시작한 것은 영영 그치지 않는다. 사랑할 것과 그리워할 것으로.

편집의 변

이 글까지 읽어주실 분들이 얼마나 될 지는 모르겠습니다. 블라인드라이팅은 현재까지 총 28기수를 진행하며 3백 명이 훌쩍 넘어버린 글쓴이가 회차마다 4편 씩 글을 작성해, 1천 편이 넘는 이야기가 쌓였습니다. 하지만 이 책은 글들의 우열을 가리는 방식으로 만들어지지 않았습니다.

가장 일반의 사람들, 무언가를 자꾸만 말하고 싶어하는 이들의 이야기를 읽다보면 다들 무언가를 자꾸만 사랑하고 싶어한다고 느껴집니다. 그래서 미워도 하고, 그 과정에서 분투합니다. 그 사랑의 대상이나 방식, 경험은 저마다 다르지만, 우리는 그렇게 무언가를 배웁니다.

이 책에는 사랑이라는 것에 대해 새롭게 알게 해주는, 각자가 분투하며 배운 사랑이라는 것에 대해 말해줄 수 있는 글들을 엮었습니다.

지금까지 자신의 이야기를 내어준 많은 모임 참여자에게 감사를 전합니다. 한 자 한 자 정성스레 눌러담아 보내준 글들이 그대로 휘발되지 않고, 유의미한 모양으로 각자의 삶 어딘가에 분명하게 남는다는 사실을 전할 수 있다면 좋겠습니다.

읽어주셔서 감사합니다.
엮은이 송재은 드림

나는 사랑에 관해서는 할 말이 너무 많고

Copyright ⓒ 2025 임시보관소

글 강소리 김지온 김지희 김진형 박주영 백지영 이솔 이철희
임다은 장태성 정수빈 주현우 차대근 최현주 한정현 홍현희

초판 1쇄 펴냄 **2025년 11월 14일**

편집과 디자인 **송재은**
표지 그림 **박지훈** (instagram **@fack.g_art**)

펴낸곳 **임시보관소**
이메일 **project_imsi@naver.com**
인스타그램 **@imsi_bogwanso**
출판 등록 **2024년 1월 22일 제25100-2024-010호**

ISBN **979-11-986424-7-9(03810)**

* 이 책의 내용의 전부 또는 일부를 재사용 하려면
펴낸 곳을 통한 저작자의 동의를 받아야 합니다.